Thomas Johne

Der Newsletter als Kundenbindungsinstrument

Grundlagen - Erfolgsfaktoren - Realisierung

AF001648

Thomas Johne

Der Newsletter als Kundenbindungsinstrument

Grundlagen - Erfolgsfaktoren - Realisierung

Schriftenreihe: Marketing für den Mittelstand
Band 2

© 2005 Alle Rechte vorbehalten

RKW - Verlag

Düsseldorfer Straße 40
65760 Eschborn

RKW-Nr. 1460
ISBN 3-89644-207-4

Titelbild: ostnews, Ausgabe Nr. 49,2002
Layout: RKW, Eschborn
Druck: Druck Partner Rübelmann, Hemsbach

Inhaltsverzeichnis

		Seite
Vorwort		9

1	**Kundenzeitschriften und Newsletter:** **Die strategische Bedeutung im Marketing**	**11**
1.1	Unternehmenspublikationen werden immer wichtiger	11
1.2	Unternehmenspublikationen sind Teil des Marketing	12
1.2.1	Marktforschung: So erfahren Sie mehr über Ihre Kunden	12
1.2.2	Produkte und Dienstleistungen: Kompetenz beweisen	13
1.2.3	Kommunikation: Verkaufen Sie Wissen, nicht Ihre Produkte	14
1.2.4	Öffentlichkeitsarbeit: Dialog mit Niveau	15
1.2.5	Verkaufsförderung: Neue Wege für Ihre Promotion	15

2	**Der Newsletter: Mehr als nur ein Produktprospekt**	**19**
2.1	Die Erfolgsfaktoren	19
2.2	Auch der Mittelstand setzt auf maßgeschneiderte Newsletter	20
2.2.1	Praxisbeispiele: Speditions- und Möbelbranche	21

3	**Die Planung Ihres Newsletters**	**27**
3.1	Bestimmung von Zielgruppen: Der Leser ist das Ziel	27
3.2	Inhalte: Wie Sie Ihren Newsletter „füllen"	29
3.2.1	Praxisbeispiel: Newsletter ostnews	30
3.3	Erscheinungsweise und Umfang	34
3.4	Praxisbeispiel: Konzept-Newsletter MERLOX	34
3.5	Organisatorische Bedingungen: Überlegungen zu Strukturen - Verantwortlichkeiten - Vertrieb - Kosten	39
3.5.1	Interne Eingliederung des Newsletters	39
3.5.2	Externe oder interne Dienstleistungen?	40
3.5.3	Wie Sie externe Partner auswählen	42
3.5.4	Vertriebskonzept: Ihr Newsletter auf dem Weg zum Leser	43
3.5.5	Budgetplanung: Ihr Newsletter ist ein Kostenfaktor	46

4	**Die Realisierung Ihres Newsletters**	**49**
4.1	Redaktion	49
4.1.1	Inhalte - Themenfindung - Praxisbeispiel: Newsletter MERLOX	49
4.1.2	Recherche - Überschriften - Texterstellung - Praxisbeispiel: Newsletter ostnews	51
4.1.3	So wird alles noch einmal kontrolliert	55
4.2	Layout und Design eines Newsletters	57
4.2.1	Die grafischen Elemente im Überblick	58
4.2.2	Praxisbeispiele: Layout-Varianten	65
5	**Der Dialog macht's: So optimieren Sie Ihren Newsletter**	**70**
5.1	Elemente der Nutzenoptimierung	70
5.2	Der andere Weg zu Ihren Zielgruppen: Der Online-Newsletter	72
	Verzeichnis wichtiger Fachbegriffe	75

Zum Autor

„Kommunikation ist das bessere Verständnis von Mensch zu Mensch."

Ernst Bloch

Vorwort

Ob Unternehmen aus dem Investitionsgütersektor, der Exportbranche, dem Maschinenbau, Automobilkonzerne, Uhrenhersteller, Handwerker, IT-Unternehmen oder Speditionen - immer mehr Betriebe geben heute Kundenzeitschriften heraus. Umfang, Form und Erscheinungsweise von Kundenzeitschriften variieren dabei deutlich: Die Aufmachung reicht von Publikationen in Zeitungsoptik über Lifestyle-Magazine im Hochglanzformat bis zu kostengünstigen Newsletter-Varianten.

Im Rahmen von Kundenbindungsstrategien ist die Zielsetzung bei allen Kundentiteln ähnlich: Über die optische Aufmachung, die Themenwahl und die Umsetzung der Themen entwickelt sich eine Leser-Blatt-Bindung, die auch zu einer langfristigen Bindung zwischen dem Unternehmen und seinen Zielgruppen führen soll. Für den Leser wird eine dialogorientierte Plattform geschaffen, die es ihm ermöglicht, sich kontinuierlich ein Bild vom Unternehmen zu machen. So wird Vertrauen aufgebaut - eine zentrale Grundlage für eine fortdauernde und stabile Geschäftsbeziehung.

Diese Chance ist aber auch eine Herausforderung: Angesichts eines zunehmenden Bedürfnisses nach Orientierungswissen werden die potenziellen Leser einerseits offener für die Botschaften der Unternehmen. Immer mehr Leserzielgruppen definieren sich andererseits im Zeitalter der Informationsgesellschaft über ihr Medienverhalten und werden in der Mediennutzung anspruchsvoller.

Vor dem Hintergrund dieser Entwicklung wächst der Professionalisierungsdruck bei der Herausgabe von Unternehmenspublikationen. Wenn ein Kundentitel langfristig erfolgreich als Kundenbindungsinstrument eingesetzt werden soll, reicht es nicht aus, Werbebroschüren als Kundenzeitschriften oder Newsletter zu deklarieren und kritiklose Selbstdarstellungen oder plumpe PR-Berichte in eigener Sache abzudrucken. Wie alle Print-Titel müssen sich auch Kundenzeitschriften und Newsletter an den Interessen und Informationsbedürfnissen ihrer Zielgruppen orientieren. Sie stehen aus Lesersicht im Medienwettbewerb mit anderen privat oder beruflich genutzten Titeln.

Damit ein Unternehmen die Chancen eines Kundentitels als effektives Kommunikationsinstrument optimal ausschöpfen kann, müssen Planung, Organisation und Umsetzung stimmen.

Die Themen dieses Ratgebers sind jedoch nicht Konzeption und Realisierung eines Hochglanzmagazins. Derartige Kundenzeitschriften mit bis zu 100 Seiten Umfang und einer durchschnittlichen Auflage von 50.000 Exemplaren erfordern einen erheblichen internen und externen Aufwand und in der Regel einen sechsstelligen Produktionsetat.

In diesem Buch erfahren Sie vielmehr, wie Sie für Ihren Newsletter - eine Variante aus dem Segment Kundenzeitschriften - ein maßgeschneidertes Konzept entwickeln und ihn professionell realisieren. Ziel dabei ist es, mit einem wirksamen und kostengünstigen Instrument eine effektive Kommunikation zwischen Ihren Kunden und Ihrem Unternehmen zu erreichen.

Die beiden ersten Kapitel beschreiben, warum Kundenzeitschriften und Newsletter immer wichtiger werden, welche Bedeutung sie im Rahmen der Unternehmenskommunikation haben und welche Möglichkeiten, Vorteile und Chancen sich daraus für die Kundenbindung ergeben. Kapitel drei beschreibt die konzeptionellen und organisatorischen Voraussetzungen, auf denen eine optimale Realisierung Ihres Newsletters basiert.

Kapitel vier stellt vor, wie Sie Ihr Newsletter-Konzept redaktionell und grafisch umsetzen können. In Kapitel fünf wird dargestellt, wie Sie Ihren Newsletter mit Hilfe von Dialoginstrumenten optimieren. Darüber hinaus werden Hinweise geliefert, was bei der Vernetzung zwischen dem gedruckten Newsletter und der Online-Ausgabe zu beachten ist.

Ein Glossar erklärt wichtige Fachbegriffe. Tipps, Praxisbeispiele, Checklisten und weiter führende Adressen runden die Kapitel ab und machen das Buch zu einem praxisorientierten Leitfaden.

Thomas Johne   Darmstadt, im Januar 2005

1 Kundenzeitschriften und Newsletter: Die strategische Bedeutung im Marketing

1.1 Unternehmenspublikationen werden immer wichtiger

Der Zeitschriftenmarkt ist in den vergangenen Jahren trotz Konkurrenz durch das Fernsehen und das Internet stark gewachsen. Insgesamt erscheinen derzeit etwa 10.000 Titel in einer durchschnittlichen Gesamtauflage von circa 450 Millionen Exemplaren. Zielgruppensegmentierung heißt das Zauberwort, mit dem die Verlagsmanager nach immer spezielleren Leserkreisen fahnden.

Warum, so könnte man fragen, werden bei dieser Informationsflut noch Kundenzeitschriften und Newsletter herausgegeben?

Turbulente Märkte schärfen den Blick für den Kunden

Die zunehmende Bedeutung von Unternehmenspublikationen - der Verband Forum Corporate Publishing (FCP) spricht von rund 3000 auf den Markt befindlichen Kundentiteln im Jahre 2003 - ist vor allem darauf zurückzuführen, dass professionelle Kommunikation mit Zielgruppen für ein Unternehmen immer wichtiger wird:

- Viele Märkte stoßen an ihre Sättigungsgrenzen, Produkte und Dienstleistungen sind austauschbar geworden. Als Folge gelangen neue Produkte in immer kürzeren Abständen auf den Markt.

- Die Konsumenten sind kritischer geworden: Sie wollen über Produkte und Dienstleistungen besser informiert werden als durch eine Werbebotschaft. Der Kunde erwartet, dass ein Unternehmen schnell und gezielt auf seine individuellen Wünsche eingeht - auch auf jene nach Unternehmensinformationen.

- Die Kosten der Neukundenakquisition sind erheblich gestiegen, dadurch wächst adäquat der Wert des einzelnen Kunden mit der Dauer der Geschäftsbeziehung. In diesem Zusammenhang wird Kundenbindung über qualifizierte Informationen für das Unternehmen zu einem strategischen Erfolgsfaktor.

Eine Dialogplattform schaffen

Zunehmend müssen sich also Unternehmen mit anspruchsvollen und kritischen Zielgruppen aus Unternehmen, Markt und Gesellschaft über ihr Selbstverständnis austauschen. Sie müssen erklären, wer sie sind, was sie können und was sie von anderen Unternehmen unterscheidet, und dabei die Wünsche und Meinungen des Gegenübers berücksichtigen.

Kundenzeitschriften und Newsletter sind ideale Instrumente zur Lösung der skizzierten Kommunikationsprobleme. Allerdings: Nur wenn Inhalte, Optik und Machart professionell auf die Informationsbedürfnisse der Zielgruppen ausgerichtet sind und es gelingt, über die Publikation einen Dialog mit den Kunden zu initiieren, entwickelt sich über die Leser-Blatt-Bindung eine langfristige Bindung zwischen dem Unternehmen und seiner Zielgruppe. Hierin liegt für das Unternehmen die Chance: Es kann sich profilieren, Vertrauen und Akzeptanz schaffen und damit einen entscheidenden Wettbewerbsvorteil erreichen.

1.2 Unternehmenspublikationen sind Teil des Marketing

Kundenzeitschriften und Newsletter haben ihre ganz speziellen Aufgaben im Marketingmix eines Unternehmens. Bevor die Positionierung der Publikation im Rahmen der Marketingstrategie festgelegt werden kann, ist es erforderlich zu erkennen, welchen Beitrag ein Kundentitel zu einem erfolgreichen Marketing leisten kann und welche Herausforderungen damit verbunden sind.

1.2.1 Marktforschung: So erfahren Sie mehr über Ihre Kunden

In Zeiten starken Wettbewerbs gewinnt die systematische Beschaffung von Kundeninformationen zur Unterstützung von Marketingentscheidungen eine zentrale Bedeutung. Mit Hilfe integrierter Dialoginstrumente lässt sich das ganze Kundenbindungs- und –gewinnungspotenzial ausschöpfen, das in einer Unternehmenspublikation steckt. Beispielsweise eröffnet die Kombination eines Preisausschreibens mit einer Umfrage die Möglichkeit, mehr über die Kunden eines Unternehmens zu erfahren: Bedürfnisse, Kaufgewohnheiten, demografische Angaben, Zufriedenheit mit der Produktqualität, dem Service und der Beratung (mehr über Dialogelemente erfahren Sie im Kapitel 5.1).

Chancen

- Sie können eine qualitativ hochwertige Adressdatenbank aufbauen - dies betrifft sowohl die Breite der Informationen (Kundenprofil) als auch die Tiefe (Konsumfreudigkeit, potenzielle Bedürfnisse etc.).

Herausforderungen

- Im Unternehmen muss die Infrastruktur vorhanden sein, um die Resonanz richtig erfassen, auswerten und nutzen zu können.
- Eine Datensammlung steht und fällt mit einer kontinuierlichen Aktualisierung. Dafür müssen die technischen und personellen Voraussetzungen im Unternehmen vorhanden sein.

Praxistipp: Bestimmen Sie Ihre wichtigsten Zielgruppen, die Sie mit Ihrer Unternehmenspublikation erreichen wollen, und stellen Sie das Dialogangebot entsprechend zusammen.

Entwickeln Sie ein sich ergänzendes Responsesystem aus Dialoginstrumenten innerhalb der Publikation und aus Datenbankmanagement.

1.2.2 Produkte und Dienstleistungen: Kompetenz beweisen

In Kundenzeitschriften und Newslettern können im Rahmen des Leistungsangebotes seriöse Hintergrundinformationen zusammenfließen:

- Bei Produktinnovationen besteht die Möglichkeit, potenzielle Käufer, die auch die Angebote der Mitbewerber berücksichtigen, bereits im Vorfeld davon zu überzeugen, dass sich das Warten lohnt.
- Bei einem eingeführten Sortiment können Qualitätsaspekte und Kundendienstmerkmale in Erinnerung gebracht werden.

Chancen

- Mit einer Publikation können Sie die Abgrenzung zum Wettbewerb verdeutlichen. Sie verschaffen austauschbaren Angeboten die fehlende Differenzierung.
- Durch die Schaffung emotionaler Produktwelten können Sie schwierige und komplexe Themen, wie zum Beispiel eine erklärungsbedürftige Angebotspalette, anschaulich aufbereiten.
- Kunden reagieren enttäuscht, wenn Sie erst im Beratungsgespräch von Veränderungen oder Verzögerungen erfahren, die sich bei Ihren Geschäftspartnern (Zulieferer, Dienstleister) abzeichnen. Mit Unternehmenspublikationen informieren Sie Ihre Kunden regelmäßig und umfassend - natürlich können auch Beratungsgespräche durch Hintergrundinformationen über neue Kooperationen positiv beeinflusst werden.

Herausforderungen

- Sie müssen sämtliche Informationen zwischen Produktions- und Entwicklungsabteilung, Außendienst und Redaktionsteam aufeinander abstimmen, sonst kann Verwirrung entstehen, wenn die Informationen des Außendienstes nicht mit den Inhalten der aktuellen Ausgabe des Kundentitels übereinstimmen.

> **Praxistipp:** Regeln Sie den internen Informationsaustausch mit den verschiedenen Abteilungen. Legen Sie Rollen und Verantwortlichkeiten für einen reibungslosen Informationsfluss fest.

1.2.3 Kommunikation: Verkaufen Sie Wissen, nicht Ihre Produkte

Immer mehr Unternehmen nutzen ihre Unternehmenspublikation zur Absatzförderung. Man sollte aber nicht annehmen, dass eine Kundenzeitschrift klassische Werbeaktivitäten ersetzt. Schließlich geht es unter dem Aspekt der Kundenbindung darum, Produktdarstellungen beispielsweise als Verkaufsbestätigung für den Kunden zu präsentieren, diese mit nutzwerten Informationen zu verknüpfen, um letztlich vor allem ein Leseerlebnis zu bieten.

Chancen

- Die Anmutung als publizistisches Produkt stärkt die rein rationalen Geschäftsbeziehungen durch emotionale Faktoren und schafft Sympathie und Vertrauen.
- Der häufig personalisierte Vertriebsweg ermöglicht die Ansprache des Kunden als Individuum. Dies erhöht die Loyalität des Kunden zum Unternehmen.
- Der besondere Vorteil gegenüber anderen Kommunikationsmitteln ergibt sich aus der Tatsache, dass mit einer Publikation eine klar abgegrenzte Zielgruppe praktisch ohne Streuverlust erreicht wird.

Herausforderungen

- Erliegen Sie nicht der Versuchung, aus Ihrer Publikation eine platte Werbebroschüre zu machen. Dies wirkt aufdringlich und plump - so verlieren Sie Glaubwürdigkeit.

> **Praxistipp:** Entwickeln Sie ein Redaktionskonzept, das Ihre Leser aktiviert, auf Ihr Unternehmen und Ihre Angebotspalette verweist, Kaufentscheidungsprozesse in Erinnerung ruft - und dabei nutzwerte Informationen liefert.

1.2.4 Öffentlichkeitsarbeit: Dialog mit Niveau

Mit den Mitteln der Öffentlichkeitsarbeit soll das Unternehmen bei seinen Zielgruppen bekannt gemacht werden. Darüber hinaus soll ein Vorstellungsbild (Image) von seiner unverwechselbaren Persönlichkeit aufgebaut und permanent weiterentwickelt werden.

Chancen

- Kundenzeitschriften und Newsletter können Ihren Zielgruppen ein bestimmtes Bild von Ihrem Unternehmen, seinen Zielen und seinem Handeln vermitteln - durch die Themenwahl und die journalistische Kompetenz im Sinne einer systematischen und langfristigen Kommunikation.
- Zur Gestaltung des Unternehmensimages leisten beispielsweise eine Artikelserie über Aus- und Weiterbildungskonzepte, Berichte über umweltgerechte Produktionsverfahren oder über Ihr Engagement im Kultursponsoring einen wichtigen Beitrag.

Herausforderungen

- Sämtliche PR-Aktivitäten müssen aufeinander abgestimmt werden, sonst kann Verwirrung entstehen, wenn die Inhalte der Unternehmenspublikation und das Verhalten des Unternehmens nicht mit dem bisherigen Bild übereinstimmen, das Ihre Zielgruppen vom Unternehmen haben.

Praxistipp: Die Unternehmenspublikation muss in ein strategisches Konzept der Unternehmenskommunikation eingebunden sein, damit sie optimal wirken kann. Formulieren Sie, mit welchen Zielgruppen Sie über Ihre Publikation kommunizieren möchten und welche PR-Ziele Sie mit diesem Kommunikationsmittel erreichen möchten. Bestimmen Sie, mit welchen Inhalten Sie diese Ziele erreichen wollen.

1.2.5 Verkaufsförderung: Neue Wege für Ihre Promotion

Kundenzeitschriften und Newsletter bieten ein Forum für vielfältige Verkaufsförderungsaktionen, die die Kundenbindung stärken können. Publikationen, die sich an Endverbraucher wenden, können Preisausschreiben integrieren, verbunden mit dem Gewinn von Reisen oder von Produkten des Unternehmens.

Handelspartner können unterstützt werden, ihre Kunden im Rahmen von Direct-Mail-Aktionen oder am Point-of-Sale mit dem Kundentitel anzusprechen, um Kaufwünsche auszulösen. Denkbar ist auch - zur Händlerinformation - die Beilage einer CD-ROM über Produktinnovationen oder Branchentrends.

Chancen

- Sie können Ihre Verkaufsförderungsaktivitäten durch die intelligente Verknüpfung von nutzwerten Informationen und absatzpolitischen Instrumenten um Elemente eines Kundenbetreuungsprogramm erweitern.

- Nutzen Sie Synergien, indem Sie in den herkömmlichen Verkaufsmedien auf Ihre Publikation und spezielle Themen verweisen; umgekehrt kann Ihr Newsletter gezielt das Marketing für Produkte und Dienstleistungen unterstützen.

Herausforderungen

- Ihre Promotionaktionen innerhalb der Publikation müssen sich an den jeweiligen Verkaufsförderungszielen und an den Erwartungen und Wünschen Ihrer Zielgruppe orientieren. Sie müssen eine stimmige Mischung ergeben, die Botschaften widerspruchsfrei vermittelt.

Praxistipp: Integrieren Sie Ihre Unternehmenspublikation in das gesamte Vermarktungskonzept Ihres Unternehmens. Das beginnt bei der Produktentwicklung, setzt sich bei der Warenpräsentation fort und endet in den entsprechenden Strategien und Maßnahmen im Rahmen Ihrer Promotionsaktivitäten.

Checkliste Strategische Fragestellungen vor der Newsletter-Herausgabe

Ihr Unternehmen

- Verfügt Ihr Unternehmen über einen Bekanntheitsgrad?
- Ist Ihr Unternehmen bereits öffentlichkeitswirksam in Erscheinung getreten?
- Ist Ihr Unternehmen neu am Markt?
- Soll Ihr Unternehmen neu positioniert werden?
- Wollen Sie mit Ihrem Unternehmen expandieren?

Ihre Produkte/Dienstleistungen

- Welche Informationen - neben dem Preis - können Sie vermitteln?
- Ist Ihr Angebot als Marke bekannt?
- Ist Ihr Produkt geeignet, ein Image zu transportieren?
- Haben Sie erklärungsbedürftige Produkte?
- Ist Ihr Angebot neu auf dem Markt?
- Befindet sich unter Ihrem Angebot eine Innovation?
- Entwickeln Sie regelmäßig neue Produkte?
- Haben Sie Produkte mit definierten Alleinstellungsmerkmalen?
- Wird Ihr Angebot regelmäßig in Anspruch genommen?
- Sind Ihre Kunden offen für Zusatzprodukte?
- Haben Sie trend- oder saisonabhängige Produkte?

Ihre Kunden

- Haben Sie genaue Informationen über die Anzahl Ihrer Kunden?
- Verfügen Sie über eine Kundendatenbank?
- Können Sie Ihre Stammkunden quantitativ bemessen?
- Sind Ihre Kunden an Serviceleistungen gewöhnt?
- Gibt es seitens Ihrer Kunden Wünsche nach Dialog mit Ihrem Unternehmen?
- Welche Rolle spielen regelmäßige Informationen bei Ihren Kunden?
- Sind Ihre Kunden offen für ungewöhnliche Informationsangebote aus dem Umfeld Ihrer Branche?

Infoservice - Wichtige Adressen

www.agenturcafe.de
Studien/Umfragen zu Zielen und Potenzialen von Kundenzeitschriften aus unterschiedlichen Branchen.

www.wuv.de/Profisuche
Überblick über die besten Kundenzeitschriften des Jahres 2004.

www.google.de/Suchmaschine
Stichwort „Kundenzeitschriften": Übersichten und Informationen zu Dienstleistern, Kundenzeitschriften einzelner Branchen, Marktstudien und Rankings der besten deutschen Kundenzeitschriften.

2 Der Newsletter: Mehr als nur ein Produktprospekt

2.1 Die Erfolgsfaktoren

Newsletter sind mehr als lediglich eine dröge Aneinanderreihung von Produktvorstellungen oder eine platte PR-Nabelschau: Sie sind Kommunikationsinstrumente mit eigenen Gesetzen und Herausforderungen und für viele Unternehmen eine neue Art, mit ihren Zielgruppen zu kommunizieren.

Damit ein Newsletter als Forum für den regelmäßigen, zielorientierten Dialog zwischen Unternehmen und Kunden erfolgreich ist, sollten folgende Bedingungen erfüllt sein:

Newsletter müssen als Teil der Gesamtkommunikation eines Unternehmens gesehen werden

Sie müssen in die Kommunikationsarbeit des Unternehmens integriert werden. Hierzu ist ein schlüssiges, zielgruppenorientiertes Kommunikationskonzept erforderlich, das Fragen klärt wie: Welche Aufgaben hat der Newsletter im Rahmen der Gesamtkommunikation? Ändern sich durch die Herausgabe eines Newsletters Strukturen und Abstimmungsprozesse? Welcher Mehrwert soll geschaffen werden? Wie kann dieser Wert als Wettbewerbsvorteil optimiert werden?

Die Möglichkeiten eines Newsletters müssen genutzt werden, um einen Mehrwert zu schaffen, der nicht durch die bisherigen Kommunikationsinstrumente abgedeckt wird

Der Newsletter erweitert die bestehende Kommunikation durch die Kombination von Dialogorientierung und exklusiven, journalistisch aufbereiteten Themen. Der Mehrwert kann beispielsweise aus Service (Ratgeberorientierung), einem ausgewogenem Verhältnis von umsetzbaren Informationen (Nutzwert) und Unterhaltung bestehen.

Ein wichtiger Aspekt bei der Herausgabe eines Newsletters besteht darin, den Kunden als Adressaten in den Mittelpunkt zu stellen

Nicht die Selbstdarstellung des Unternehmens, sondern das Informations- und Lesebedürfnis der Zielgruppen stehen im Mittelpunkt. Dazu ist es notwendig, nach ihren Wünschen und Erwartungen zu fragen. Generell sollte eine Zwei-Wege-Kommunikation angestrebt werden, d.h. die Leser sollten zum aktiven Handeln und zur Meinungsäußerung motiviert werden. Allerdings setzt der sorgfältige und ernsthafte Umgang mit Leseranfragen und -reaktionen eine entsprechende Organisation im Unternehmen voraus.

Die Inhalte sollten aus der Kernkompetenz des herausgebenden Unternehmens stammen

Unabhängig davon, für welches Format, für welche Auflage oder Erscheinungsweise sich das Unternehmen entscheidet, Voraussetzung für einen erfolgreichen Dialog mit dem Leser ist die journalistische Qualität.

Der Newsletter zeichnet sich durch professionell recherchierte und geschriebene Texte aus, wobei sich das Unternehmen mit Persönlichkeiten, eindeutigen Aussagen zu allgemein interessierenden Themen aus seinem Umfeld und Neuigkeiten über Produktinnovationen darstellt. Eine klare Gestaltung mit moderner Grafik und eine übersichtliche Struktur führen zur Wiedererkennung und Differenzierung bei den Leser-Zielgruppen. Falls interne Fachkräfte nicht vorhanden sind, sollten externe Spezialisten auf Zeit eingekauft werden.

Damit der Newsletter seine Wirkung als Kommunikationsinstrument voll entfalten kann, ist es unabdingbar, dass er regelmäßig erscheint

Ein wichtiger Punkt darf bei den konzeptionellen Überlegungen nicht unberücksichtigt bleiben: die Erscheinungsweise. Die Gewöhnung an das regelmäßige, pünktliche Erscheinen festigt die für den Erfolg wichtige Leser-Blatt-Bindung. Studien haben ergeben, dass ein Titel erst dann als Periodikum wahrgenommen wird, wenn er mindestens zweimal pro Jahr erscheint.

2.2 Auch der Mittelstand setzt auf maßgeschneiderte Newsletter

Viele Märkte sind heute gekennzeichnet durch ein dramatisches Wachstum von Breite und Tiefe der Produktvielfalt, ein steigendes Anspruchsniveau der Kunden und zunehmenden Wettbewerb. Als Folge werden die Segmentierung von Zielgruppen und eine ausgeprägte Kundenorientierung für Unternehmen immer wichtiger, um erfolgreich Kunden zu finden und zu binden.

Allerdings: Mit Marketing- und Kommunikationsmaßnahmen nach dem Gießkannenprinzip werden die gewünschten Zielgruppen immer weniger erreicht. Die Basis für den Markterfolg ist vielmehr dann gegeben, wenn die unterschiedlichen Zielgruppen ihren spezifischen Bedürfnissen gemäß mit maßgeschneiderten Marketing- und Kommunikationsinstrumenten angesprochen werden. Im Rahmen der Gestaltung einer effizienten Kommunikation sollte dabei der Newsletter nicht fehlen.

Der Newsletter: Kostengünstig und effektiv

Mit dem Bewusstsein über den Stellenwert der differenzierten Ansprache der Kunden wächst auch das Kostenbewusstsein. Immer mehr, insbesondere auch mittelständische Unternehmen nutzen deshalb die Variante Newsletter, um unterschiedliche Zielgruppen - Endkunden, Handelspartner oder Firmenkunden - effektiv und weniger kostenintensiv zu informieren.

Der Vorteil: Für die Leser hat der Newsletter einen besonders hohen Nutzwert, weil er sich sehr eng mit ihren Interessen und Bedürfnissen beschäftigt - mit positiven Auswirkungen auf die Leser-Blatt-Bindung. Zwei kurz skizzierte Beispiele zeigen, dass eine leserorientierte, interessante Kundenpublikation in Form eines Newsletters ebenso überzeugen kann wie ein Hochglanzmagazin.

2.2.1 Praxisbeispiele: Speditions- und Möbelbranche

Newsletter, Titel: ostnews - Speditionsunternehmen Gebrüder Weiss Transport und Logistik

Der Newsletter des Unternehmens bietet den Kunden - Unternehmen, die in Länder Zentral- und Osteuropas exportieren - konkrete Hilfestellung an: kurze und fundierte Informationen über das Wesentliche für ihr Geschäft.

Dabei geht es vor allem um nutzwerte Informationen, wie zum Beispiel:
- Studien und Entwicklungen zum EU-Beitritt einzelner osteuropäischer Länder
- Außenhandelsaktivitäten EU-Osteuropa
- Konjunkturdaten, Investitionszahlen und Wachstumsprognosen für einzelne Länder Zentral- und Osteuropas
- Aktuelle Zoll-Informationen

Nur ein kleiner Teil der jeweiligen Ausgabe des Newsletters widmet sich dem Unternehmen selbst - zum Beispiel mit einem Artikel über Logistik-Dienstleistungen für die Sportartikelindustrie.

Auf die Zielgruppe fokussiert

Ein hoher Informationsgehalt, unterstützt durch Infoboxen und Expertentipps, keine Lobhudelei des eigenen Unternehmens sowie eine leserorientierte Aufbereitung der Informationen (zeitgemäßes Layout, Infografiken und -kästen) charakterisieren die Säulen der Newsletter-Philosophie - Motto: „Nur wenn unsere Kunden erfolgreich sind, sind auch wir erfolgreich."

Ausgabe Nr. 48 - Jänner 2002

Aktuelle Informationen über Zentral- und Osteuropa

ostnews

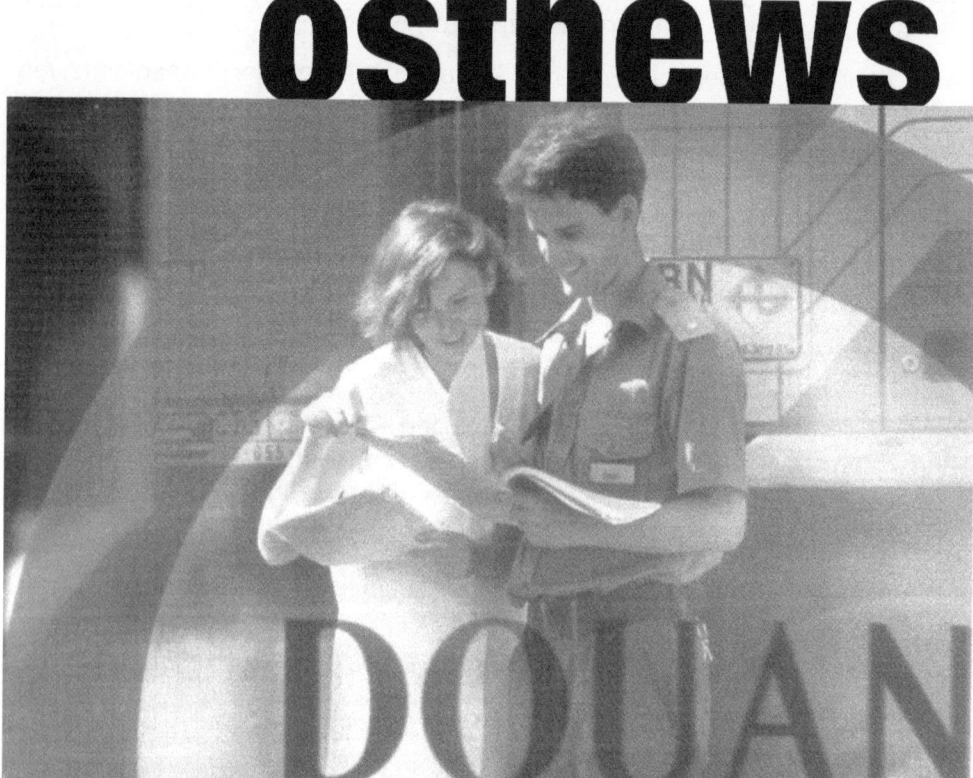

Leichte Wachstumsabschwächung in den MOE-Ländern Seite 5

Zollbegünstigungen durch
korrekte Ursprungsnachweise
Seite 2

Kroatiens Exporte in
die CEFTA stagnieren
Seite 4

Automotive logistics
von Gebrüder Weiss
Seite 7

Kosovo und Montenegro
führen Euro ein
Seite 3

Rumänien modernisiert
Bahn, Häfen und Straßennetz
Seite 6

Ihr direkter Draht zu
Gebrüder Weiss
Seite 8

Ostnews : Branche: Transportgewerbe; Herausgeber: Gebrüder Weiss GmbH; Umfang: 8 Seiten

EU-Kandidaten profitieren vom Beitritt zehn mal stärker

Studie des Wifo über die Auswirkungen der EU-Erweiterung

Die Beitrittskandidaten werden von ihrem Beitritt zur Europäischen Union wirtschaftlich rund 10 mal stärker profitieren als die EU-Länder selbst.

Am stärksten werden Ungarn und Polen profitieren, die bis 2010 kumuliert zwischen acht bis neun Prozent stärker wachsen würden als ohne Beitritt. Demgegenüber nehmen sich die in der EU durch den Beitritt erzielbaren Wachstumsraten wesentlich bescheidener aus. Das Wifo spricht im Schnitt bis 2010 von einem zusätzlichen jährlichen Wachstumsimpuls von einem Zehntelprozent jährlich. In Österreich wird dieses zusätzliche Wachstum mit 0,15 Prozent pro Jahr etwas höher ausfallen als im EU-Schnitt, ganz ähnlich wie in Deutschland.

Estland modifiziert Steuerrecht

Mit Wirkung vom 1. Jänner 2002 wurden die Änderungen zum Einkommenssteuer- und dem Sozialabgabengesetz wirksam. Natürliche Personen sind seit Jahresbeginn berechtigt, einen Betrag von bis zu EEK 100.000,-, jedoch nicht mehr als 50 Prozent des zu versteuernden Einkommens, abzusetzen.

Die Verordnung Nr. 325 regelt die Höhe der Ausgleichszahlungen für die Benutzung von eigenen Kraftfahrzeugen durch Angestellte und wurde per 1. Jänner 2002 von monatlich EEK 500,- auf EEK 1.000,- angehoben.

WIIW sieht in Osteuropa leichte Wachstumsabschwächung

Relativ gute MOEL-Konjunktur wird nur durch Polen getrübt

Die Wirtschaft in den meisten mittel- und osteuropäischen Reformländern (MOEL) könnte die derzeitige Krise ohne größeren Schaden für ihr Wachstum überstehen, vorausgesetzt die Weltwirtschaft erholt sich in der zweiten Jahreshälfte 2002, erwartet das Wiener Institut für Internationale Wirtschaftsvergleiche (WIIW) in seiner aktuellen Prognose.

Mit Ausnahme Polen konnten in den meisten MOEL keinerlei Anzeichen für eine spürbare Wachstumsverlangsamung beobachtet werden.

Eine länger andauernde Konjunkturschwäche in der EU kann das Wachstum der MOE-Länder allerdings um etwa 0,5 bis 1,5 Prozent reduzieren. Insgesamt bleibt jedoch die Geschwindigkeit des Aufholprozesses in den Reformländern mit etwa zwei Prozent pro Jahr auch 2002 und 2003 aufrecht.

Bei den Wachstumsprognosen für die MOEL-5 (Tschechien, Ungarn, Slowakei, Slowenien und Polen) rechnet das WIIW für 2002 mit 1,7 Prozent statt den bisher kolportierten 4,1 Prozent. Die Prognosekorrektur sei großteils auf die Entwicklung in Polen zurückzuführen.

Für Tschechien wird ein BIP-Plus 3,0 Prozent für 2002 prognostiziert. Unter Ausschluss einer Rezession in der EU erwartet das WIIW in den MOE-Ländern für 2002 bis 2003 ein Durchschnittswachstum zwischen drei und vier Prozent, nur etwas weniger als 2000 bis 2001.

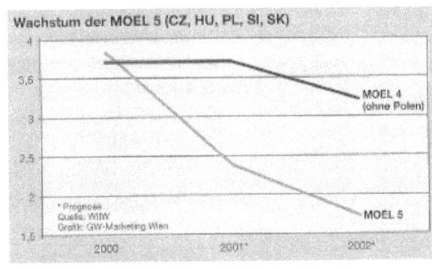

Hauptfaktor der positiven Prognose ist laut WIIW die starke Binnennachfrage.

Zahlungsverhalten von tschechischen Unternehmen

Die deutsche Informationsagentur "IMOE" bietet auf CD-Rom aktuelle Informationen über tschechischen Unternehmen an. Neben allgemeinen Informationen zu den Firmen (Name, Adresse, Kapital, Umsatz usw.) enthält die Datenbank detaillierte Informationen über das Zahlungsverhalten der betreffenden Firma. Die Datenbank enthält über 20.000 Firmenprofile von Klein-, Mittel- und Großunternehmen in Tschechien und wird monatlich aktualisiert.

Kontaktadresse: IMOE, Gustav-Pries-Str. 36, 30966 Hemmingen, Tel.: 0049/ 511 - 415796, Fax: 0049/ 511 - 415774.

Vielfalt: Tabellen, Fakten und Nachrichten aus der Branche erhöhen den Nutzwert des Newsletters

Wichtige Adressen

Albanien
DV: 1190 Wien,
An den langen Lüssen 1/6/1
Telefon (01) 328 86 56, 328 86 57
ÖH: I-00196 Roma, Via Flaminia, 158
Telefon (+3906) 320 19 59

Bosnien-Herzegowina
DV: 1120 Wien, Tivoligasse 54,
Telefon (01) 811 55 55
ÖH: BA-7100 Sarajevo, Marsala Tita 38/II
Telefon (+387) 33/26 78 40, 26 78 50

Bulgarien
DV: 1040 Wien, Schwindgasse 8,
Telefon (01) 505 64 44
ÖH: BG-1000 Sofia, Ul. Khan Krum 3,
Telefon (+3592) 980 44 80

Estland
DV: 1040 Wien, Wohllebengasse 9/13
Telefon (01) 503 77 61
ÖH: SF-00260 Helsinki,
Mannerheimintie 15a B,
Telefon (+358) 9/43 66 35-0

Jugoslawien
DV: 1030 Wien, Rennweg 3
Telefon (01) 712 12 05
ÖH: YU-11070 Novi Beograd,
Genex-Center, App. 102,
Vladimira Popovica 6,
Telefon 00381-11/301 58 50

Mazedonien
DV: 1070 Wien, Kaiserstraße 84/1/5
Telefon (01) 524 87 56

Kroatien
DV: 1170 Wien, Heuberggasse 10,
Telefon (01) 480 20 83
ÖH: HR-10000 Zagreb,
Postanski pretinac 25, Ilica 12/2. St.
Telefon (+385) 1-458 19 00

Lettland
DV: 1090 Wien, Währinger Straße 3/8,
Telefon (01) 403 31 12, 403 31 12/10
ÖH: SE-11520 Stockholm, Karlaplan 12,
Telefon (+468) 667 01 30

Litauen
DV: 1030 Löwengasse 47,
Telefon (01) 718 54 67, 718 54 68
ÖH: SE-11520 Stockholm, Karlaplan 12,
Telefon (+468) 667 01 30

Polen
DV: 1130 Wien, Hietzinger Hauptstr. 42c,
Telefon (01) 870 15
ÖH: PL-02 704 Warszawa,
Ulica Idzikowskiego 7/9,
Telefon (+48) 22-843 79 09

Rumänien
DV: 1040 Wien, Prinz Eugen Str. 60,
Telefon (01) 505 32 27
ÖH: RO-71126 Bukarest,
Strada Clopotarii Vechi 2,
Telefon (+401) 312 03 35, 312 67 85

Russische Föderation
DV: 1030 Wien, Reisnerstraße 45-47,
Telefon (01) 712 12 29
ÖH: 119034 Moskau,
Starokonjuschennyi Pereulok 1,
Telefon (+7095) 20 17 334
DV: diplom. Vertretung in Österreich
ÖH: Österreichischer Handelsdelegation

EU führt einheitliches Informationssystem für Zoll ein

Das zukünftige, elektronische, Zoll-Informationssystem NCTS wird aller Voraussicht nach die Transportlogistik stark beeinflussen

Das Zoll-Informatiksystem NCTS (New Computerised Transit System) wird von der EU seit 1995 entwickelt und soll künftig das derzeitige papiergestützte Versandverfahren in allen EU-Mitgliedstaaten sowie der Schweiz, Liechtenstein, Norwegen, Polen, Tschechien, Slowakei und Ungarn ablösen.

Die Verfahrensvorschriften und technischen Spezifikationen der neuen Zolllösung wurden auf internationaler Ebene festgelegt, und die EDV-technische Vernetzung erfolgt über ein von der Europäischen Kommission erstelltes und betriebenes internationales Kommunikationsnetzwerk. Die Österreichische Zollverwaltung erarbeitet derzeit die nationalen Prozessmodelle für den Anschluß an dieses Netzwerk. Die ersten Tests sind für das zweite Halbjahr 2002 vorgesehen. Ab diesem Zeitpunkt sollen auch die ersten Anwender in das NCTS überführt werden. Bis Ende März 2004 müssen alle zugelassenen Versender bzw. Empfänger (z. B. Sammelanmelder bzw. zugelassene Spediteure) NCTS anwenden.

Im NCTS muß künftig vor der Anweisung von Waren durch den zugelassenen Versender bzw. vor der Gestellung von Waren durch den zugelassenen Empfänger durch elektronischen Datentransfer eine entsprechende Genehmigung des zuständigen Zollamtes eingeholt werden. Unter genau definierten Bedingungen lassen es einige Prozessmodelle zu, drei Stunden im voraus eine entsprechende Deklaration abzugeben. Zum Zeitpunkt der Anweisung bzw. der Gestellung sind mit neuerlichem Datenaustausch die auf Grund der Vorausdeklaration „sofort" zu bekommenden jeweiligen Genehmigungen einzuholen. Just-in-time-Betrieben werden dadurch Erleichterungen angeboten, jedoch dürfte dieses Verfahren nicht die Lösung für alle Zeitprobleme darstellen.

Die Analyse der Probleme, die durch NCTS entstehen, ist derzeit noch im Fluß. Bisher haben sich jedoch folgende Problemstellen herauskristallisiert:

Vor allem für Just-in-time-Produzenten dürfte NCTS gravierende Umstellungen erfordern. Vor der Übernahme in die Produktion müssen alle Meldungen abgegeben und die entsprechenden Rückmeldungen ausgewertet werden. Nach der Produktion und vor dem Versand sind wieder Meldungen und Rückmeldungen erforderlich.

Kleine bis mittlere Unternehmen, die nur über teilzeitbeschäftigtes Zollpersonal verfügen, werden bei der Koordination der An- und Abliefer-zeiten mit den Anwesenheitszeiten des versierten Personal besonders gefordert sein.

Bei Großbetrieben mit Produktions- und/oder Lagerstätten an verschiedenen Standorten und zentralisierten Zollabteilungen sind Probleme, die am Warenort zur Verfügung stehenden Daten in entsprechender Qualität und Geschwindigkeit an die jeweiligen Zentralstellen weiterzuleiten bzw. die Rückmeldungen von den Zentralstellen zu bekommen, sehr wahrscheinlich.

Spediteure müssen vor Beginn der Entladung ankommender Sendungen in das Zollager bzw. nach der Zusammenstellung von Exportsendungen die entsprechenden Mitteilungen abgeben und auf die entsprechenden Freigaben warten. Dies kann zu Verzögerungen im gesamten Transportablauf führen und großflächige Veränderungen in der Gesamtlogistik (z. B. bei 24 Stundendiensten) bewirken.

Entladungen von Teilsendungen bei mehreren zugelassenen Empfängern können zu Problemen führen, sofern die Beförderung unter Raumverschluß (d. h. Zollverschluß des Fahrzeuges) erfolgt.

Ob das Magazins- oder Produktionspersonal in der Lage ist, die notwendigen Datenübermittlungen zum Zollamt und zur Auswertung der Rückmeldungen durchzuführen, wird sich erst zeigen.

Tatsache ist, dass Teilentladungen nach derzeitigem Stand nur unter Mitwirkung eines vor Ort tätigen Zollorganes möglich wären.

GW erobert Sportartikelmarkt

Gebrüder Weiss fokussiert mit dem neuesten Produkt "leisure + sports logistics" auf die boomende Sportartikel-Branche

Wichtige Adressen

Slowenien
DV: 1010 Wien, Nibelungeng. 13/3,
Telefon (01) 586 13 09, 586 13 23
ÖH: SI-1000 Ljubljana, Nazorjeva 6,
Telefon (00386) 1/513 97 70

Slowakei
ÖH: SK-81499 Bratislava, Grösslingova 7,
Telefon (+421) 2/57 10 17 00

Tschechien
DV: 1140 Wien, Penzinger Str. 11-13,
Telefon (01) 89 43 741
ÖH: CZ-11121 Praha 1, Krakovska 7,
P.O.Box 493
Telefon (+420) 2-222 10 255

Ukraine
DV: 1180 Wien, Neafgasse 23,
Telefon (01) 487 71 72/0
ÖH: UA-01034 Kiev, Volodmirske 48a,
Telefon (+380) 44-235 13 41

Ungarn
DV: 1010 Wien, Bankgasse 4-6,
Telefon (01) 533 26 31
ÖH: H-1062 Budapest VI, Delibab utca 21,
Telefon (01) 351 11 95

DV: diplom. Vertretung in Österreich
ÖH: Österreichischer Handelsdelegierter

Einen Jahresumsatz von 10 Mio. Euro erwartet GW mit dem Produkt "leisure + sports logistics".

Was einzelne GW-Filialen seit Jahren in der Sportartikellogistik mit Kunden wie HTM (Head), Reebok, Technica oder Sport2000 erfolgreich abwickeln, wurde in einem Projekt gebündelt und steht nun einer boomenden Branche zur Verfügung.

"Mit Spezialdienstleistungen wie dem Anbringen von Diebstahlsicherungen, Labels oder Preisauszeichnungen, aber auch dem Einfädeln der Schuhbänder oder dem Aufpumpen von Fußbällen wollen wir der Sport- und Freizeitbranche ein konstruktiver Logistik-Partner sein", verweist Business Development Manager Gerhard Leitner auf die Kosten- und Qualitätsvorteile, die sowohl der Sportartikelhandel als auch Produzenten über Logistik-Outsourcing lukrieren könnten.

Die neue Gebrüder Weiss-Branchenlösung umfaßt acht Dienstleistungsmodule. Sie sind entweder einzeln wählbar oder werden von den GW Logistik- und IT-Experten zu einer maßgeschneiderten Kundenlösung verbunden:

Lagerlogistik - Übernahme sämtlicher lagerlogistischer Aufgaben zur Senkung der Fixkosten und Abpufferung saisonaler Schwankungen; Speziallager für Ski und Fahrräder.

Special Handling - Übernahme von Hilfsleistungen wie die Zusammenstellung von Ski-Sets; das Aufstellen, Bestücken und Betreuen von POS-Ständern, Preisauszeichnung, Neu- oder Umpacken, etc.

Plattformlogistik - Übernahme der Abholung aus einem europäischen Zentrallager und Auswahl der optimalen Plattform für die Feindistribution auf den nationalen Märkten.

Distributionslogistik - Übernahme der weltweiten Verteilung inklusive internetbasiertem Sendungsverfolgungssystem.

Beschaffungslogistik - Übernahme der weltweiten Beschaffung unter Ausnutzung der Gebrüder Weiss-Netzwerke.

Retourenmanagement - Qualifizierte Mitarbeiter übernehmen die sorgfältige und rasche Abholung von Retouren inklusive Mengen-, Qualitäts- und Schadenskontrolle.

Informationslogistik - Durch moderne Technologien wie "Mobile Scanning", die intelligente Steuerung der Informationsflüsse, die IT-Vernetzung aller am Prozess beteiligten Partner usw. wird der Lieferstatus der Ware laufend erfasst und kontrolliert.

Logistik Consulting - Analyse und Optimierung von Logistikprozessen, insbesondere Lager-, Beschaffungs- und Distributionslogistik durch die Gebrüder Weiss-Tochter X-Vise.

FACTBOX

> Gebrüder Weiss GmbH
> sports + leisure logistics
> Gürtelstrasse 24
> A-4020 Linz

> Ulrike Schwarzenberger
> Tel. 0732 / 60 96 08-30,
> Fax 0732 / 60 96 08-13,
> E-Mail ulrike.schwarzenberger@gebr-weiss.com

Extra-Service: Wissenswertes aus der Dienstleistungswelt der Spedition

Newsletter, Titel: Zeitzeichen. Die schönsten Seiten modernen Wohnens - Möbelhersteller

Mit einer kompetenten und glaubwürdigen Konzeption - Layout in Zeitungsoptik mit zeitungsüblichen Rubriken und journalistisch abwechslungsreich aufbereitet - bietet der Newsletter eines mittelständischen Möbelfabrikanten folgenden Themenmix an:

- Vorstellung von Sortimentsneuheiten
- Mitarbeiterportäts und Darstellung der Fabrikationsabläufe; Stichwort: Kompetenz beweisen
- Hintergrundinformationen zu Trends im Möbeldesign
- Einbeziehung der Kunden in die Berichterstattung: Aufforderung zu Erfahrungsberichten, Meinungsäußerungen und Anregungen
- Infoservice: Anwendungstipps, Anwendungsbeispiele, Adressen

Die Leserresonanz und konkrete Kundenanfragen - der Newsletter wird zweimal im Jahr über den Möbelhandel verteilt - zeigen, dass sich die Investitionen (pro Ausgabe circa 5000 Euro) durch eine engere Bindung der Zielgruppen an das Unternehmen sehr schnell bezahlt machen kann.

3 Die Planung Ihres Newsletters

3.1 Bestimmung von Zielgruppen: Der Leser ist das Ziel

Im Zentrum der konzeptionellen Überlegungen steht zunächst die Klärung der Frage, wer als Zielgruppen für Ihren Newsletter überhaupt in Betracht kommt. Grundsätzlich muss man zwischen zwei Hauptzielgruppen unterscheiden: Entweder wendet sich der Newsletter an feste oder potenzielle Firmenkunden - hier wird in erster Linie die Entscheiderebene angesprochen: Geschäftsführer, Einkaufverantwortliche - oder an private Endkunden. Die beiden Zielgruppen sind in sich nicht homogen und zerfallen in weitere Teilzielgruppen.

So lässt sich beispielsweise bei den Firmenkunden differenzieren zwischen Unternehmen, die Produkte und Dienstleistungen direkt beziehen und Handelspartner, die die Produktpalette weiterverkaufen sowie Lieferanten. Auch bei den Endverbrauchern gibt es Unterschiede, zum Beispiel zwischen Kunden, die ein Produkt nur privat oder geschäftlich einsetzen.

Neue Zielgruppen prüfen

Prüfen Sie, ob weitere Zielgruppen für Ihren Newsletter wichtig sind, wie zum Beispiel bei Unternehmen aus der Umwelttechnologiebranche: Entscheidungsträger wie Bürgermeister oder Umweltschutzbeauftragte. Welche Rolle spielen Journalisten und die Medien sowie Interessengruppen im Umfeld Ihres Unternehmens?

Setzen Sie Prioritäten

Für das Erreichen Ihrer Newsletter-Ziele sind nicht alle Zielgruppen gleichermaßen wichtig, und Ihnen stehen nur begrenzte Ressourcen zur Verfügung. Deshalb: Priorität haben diejenigen Kernzielgruppen, die im Rahmen einer umfassenden Kundenbindung wichtig sind.

Dabei kommt einem Aspekt eine zentrale Bedeutung zu: Je enger Sie den Kreis der Zielgruppen für den Newsletter ziehen, desto genauer kann die Kommunikation entwickelt werden, zum Beispiel, indem Sie Ihren Newsletter auf das Nutzungsverhalten und die Sprache der ausgewählten Kernzielgruppen ausrichten sowie auf deren Erwartungen an die Inhalte.

Dies ist eine der Voraussetzungen, mit dem Newsletter nicht nur über Produkte, Leistungen und Unternehmenserfolge zu informieren, sondern durch eine entsprechende Themenauswahl auch die Bildung von gewünschten Trends zu unterstützen.

Checkliste Zielgruppen und Zielsetzungen Ihres Newsletters

Zielgruppen	Ziele
• Kunden	Markenimage stärken
	Mehrwert schaffen
	Kundenbindung erhöhen
	Abgrenzung zu Mitbewerbern
	Kaufentscheidungen forcieren bzw. bestätigen
	Kundenzufriedenheit erfragen
	Kunden als Multiplikatoren gewinnen
• potenzielle Kunden	Produkte, Leistungen, Unternehmen bekannt machen
	Markenimage aufbauen
	Adressen für weitere Marketingaktivitäten sammeln
	Resonanz und Feedback prüfen
• Handelspartner/ Lieferanten/ Außendienst	Handelsmarketing stützen
	Kontaktbesuche vorbereiten/Vertriebsunterstützung
	aktuelle Informationen über Produktentwicklungen vermitteln
	Imagestärkung
• Multiplikatoren (z.B. Interessenvertreter, Branchenvertreter, Verbände, Ämter)	Imagetransport
	Bekanntheit erhöhen
	Glaubwürdigkeit und Sympathie steigern
	Imformationspolitik aufbauen
• Mitarbeiter	Identifikation und Motivation stärken
	Informationsstand aktuell halten
	Redaktionelle Mitarbeit anregen

Ansprache ausgewählter Zielgruppen

Grundsätzlich sollten Sie in Hinblick auf die Zielgruppenansprache zwei Ebenen berücksichtigen: die Sprache und die im Newsletter vorgesehenen grafischen Elemente, d.h. die Optik.

Demografische und soziografische Faktoren bilden die Richtschnur für die treffende Sprache Ihres Newsletters. Je mehr Sie über das Alter, den Bildungsstand sowie die genauen Interessen und Bedürfnisse der Leser-Zielgruppen wissen, desto zielgerichteter wird man für sie schreiben können. An zwei Beispielen wird dies deutlich:

Der Anbieter für Dokumentenmanagement-Systeme wird für seinen an Patentanwälte gerichteten Newsletter eine andere Sprache wählen müssen als ein Hersteller von Gartengeräten, der seine Stammkunden mit einem Newsletter über neueste Trends rund um die Gartenpflege informiert.

Das gilt auch für die Optik: Das Layout eines Newsletters für die Zielgruppe „Anwaltskanzleien" ist geprägt durch Understatement, Seriosität und Kompetenz - etwa durch ein klares Spaltenschema und zurückhaltend eingesetzte Farben.

Das gleiche Gestaltungsschema auf die Zielgruppe „Gartenfreunde" übertragen, wäre völlig an der Zielgruppe vorbeikonzipiert. Hier ist stattdessen ein Newsletter gefragt, dessen Layout durch frische Farben gekennzeichnet ist und durch auflockernde Elemente wie zum Beispiel Infoboxen, Special-Interest-Rubriken und einem hohen Bildanteil geprägt wird.

Fazit: Machen Sie Ihren Newsletter unverwechselbar - sei es durch Stil, Optik oder Themenwahl. Wichtig ist dabei aber: Stimmig muss Ihr Newsletter-Auftritt sein und zu Ihrem Unternehmen passen. Seien Sie dabei konsequent. Je durchgängiger, regelmäßiger und ganzheitlicher Sie Ihre Unternehmenskommunikation gestalten, desto prägnanter und schlüssiger werden Sie bei Ihren Kunden und Interessenten wahrgenommen. Das gilt für Ihren Newsletter ebenso wie für Ihren gesamten Unternehmensauftritt.

3.2 Inhalte: Wie Sie Ihren Newsletter „füllen"

Ausschlaggebend ist, dass Ihr Newsletter für seine Leser wichtig ist und einen Nutzen bietet, den sie nicht an jeder Ecke finden, und Inhalte, die nicht jeder zweite andere Newsletter ebenfalls bietet. Die für Ihren Newsletter geeigneten Inhalte hängen in erster Linie davon ab, ob die Zielgruppe Firmenkunden oder Endverbraucher sind.

Ein Newsletter, der sich an Unternehmen wendet, sollte viel Information und Know-how aus Ihrem Unternehmen sowie über die Branche enthalten. Für Endverbraucher sollten Sie auch unternehmens- und branchenunabhängige Themen ins redaktionelle Konzept des Newsletters aufnehmen.

Exklusivität als Erfolgsgarant

Für den Nachrichtenwert eines Newsletters gilt unter anderem folgendes Kriterium als ausschlaggebend: Exklusivität. Dieser Anspruch lässt sich im Kern reduzieren auf: Neuigkeiten und nochmals Neuigkeiten!

Nicht so einfach, sagen Sie? Das stimmt! Aber doch das Erfolgskonzept für Ihren Newsletter. Schöpfen Sie aus Ihrem Fachwissen und Ihrer Berufspraxis - ein

Garant für Exklusivität. Seien Sie pfiffiger als die Konkurrenz und bringen Sie die Inhalte besser auf den Punkt. Sorgen Sie für Quintessenzen, denn Ihre Leser wollen viel erfahren, dafür aber möglichst wenig Zeit investieren. Schaffen Sie interessante Rubriken!

3.2.1 Praxisbeispiel: Newsletter ostnews

Wie dies anschaulich gelingt, zeigt das Konzept des Newsletters des Speditionsunternehmens Gebrüder Weiss Transport und Logistik - hier werden Fakten im Rahmen von klar strukturierten Rubriken vermittelt, die den Kunden im Tagesgeschäft einen Informationsvorsprung sichern sollen. (siehe S. 32,33)

Und auch das bedeutet Exklusivität: Vermitteln Sie eine durchgängige Botschaft. In Ihrem Newsletter sollten Sie konsequent das kommunizieren, was Sie und Ihr Unternehmen antreibt, ausmacht, auszeichnet und von anderen unterscheidet. Kurz: ihre eigene Unternehmensphilosophie und der Leitgedanke, der hinter Ihrem Unternehmen steht.

Trotz aller Sorgfalt: Ob der Newsletter den Wünschen der Leser-Zielgruppen entspricht, zeigt sich erst bei regelmäßigen Umfragen. Offene Fragen („Welche Themen vermissen Sie?" oder „Auf welche Themen könnten Sie verzichten?") bieten die besten Hinweise für die inhaltliche Konzeption.

Die folgende Checkliste gibt Ihnen einen Überblick über die inhaltlichen Schwerpunkte eines Newsletters:

Checkliste Inhalte

Aus dem Unternehmen

- Hintergrundinformationen zu innovativen Produkt- und Dienstleistungskonzepten
- Informationen über Markteinführungen
- Neue Produktbereiche: Ihr Unternehmen hat sein Leistungsspektrum erweitert: Sie bieten zahlreiche Services
- Neue Forschungs- und Entwicklungsprojekte: Präsentation neuartiger Verfahren und Abläufe
- Wirtschaftliche Entwicklung: Meldungen über Exporterfolge, Kooperationen oder den Ankauf von Unternehmen
- Informationen über spektakuläre Aufträge
- Neue Märkte: Sie gehen erstmals ins Ausland

- Messen und Ausstellungen: Ihr Unternehmen nimmt an einer bedeutenden internationalen Messe teil
- Änderungen auf dem Arbeitsmarkt: Ihr Unternehmen schafft neue Stellen, fördert Teilzeit und führt flexiblere Arbeitszeiten ein
- Umweltschutz: Ihr Unternehmen nimmt eine neue Anlage in Betrieb oder setzt innovative Verfahren ein
- Ausbildung: Sie bieten neue Ausbildungsberufe oder Praktika für Berufseinsteiger
- Jubiläen: Die Firma feiert Jubiläum - dies verbinden Sie mit einem Rückblick auf die Geschichte und zeigen damit Beständigkeit und Kompetenz. Ein Blick in die Zukunft zeigt, dass weiteres Vertrauen gerechtfertigt ist.
- Öffentliche Informationsveranstaltungen: Sie laden zu einem Tag der offenen Tür ein und berichten danach über die Veranstaltung
- Beschreibung von Sponsoringaktivitäten: Sie finanzieren die Restaurierung eines städtischen Brunnens

Branchennachrichten
- Beschreibung von Entwicklungstendenzen der Branche
- Referenzprojekte: Darstellung des erfolgreichen Einsatzes der Produktpalette bei ausgewählten Kunden
- Buchtipps: Rezensionen zu Neuerscheinungen aus Wirtschaft und der Branche
- Gastkommentar: Fachleute nehmen Stellung zu branchenspezifischen Themen

Unternehmensunabhängige Themen
Zielgruppe: Endverbraucher
- Reportagen über Städte, Regionen
- Kulturelle Aktivitäten: Theater- und Konzertangebote, Event-Kalender
- Interview mit Personen aus Wirtschaft, Politik und Kultur
- Rubrik, Leserbriefe
- Preisausschreiben

Zoll

Zollbegünstigungen durch korrekte Ursprungsnachweise

Grundsätzliche Informationen über die Ursprungsnachweise - Warenverkehrsbescheinigung EUR 1 und Ursprungserklärung

MOEL Web-Tipps

Unter **www.factbook.net** gibt es interessante Wirtschaftsinformationen über Rumänien, Bulgarien, Ungarn und Tschechien. Auf den englischsprachigen Seiten findet man auch viele Statistiken und kurze Branchenberichte.

www.georgien-portal.de lautet die Homepage für Unternehmen, die sich in Georgien engagieren möchten. Neben aktuellen Nachrichten zu diversen Themenbereichen und einem Diskussionsforum gibt es auch die Möglichkeit zur Präsentation und des Austausches mit gleichgesinnten Firmen.

Osteuropa hilft deutschem Export auf die Sprünge

Von Jänner bis August 2001 stiegen die deutschen Exporte in die MOE-Länder um 20,9 Prozent auf 46,17 Mrd. Euro und damit kräftiger als die deutschen Exporte insgesamt. Die gesamten deutschen Ausfuhren nahmen im gleichen Zeitraum um 11,0 Prozent zu. Dabei wirkte sich vor allem der niedrige Eurokurs begünstigend aus. Die höchste prozentuale Steigerung verzeichnete die Russische Föderation mit plus 57,8 Prozent auf 6,19 Mrd. Euro.

Die Warenverkehrsbescheinigung EUR1 und die Ursprungserklärung dienen im Importland als wichtige Nachweise und können im Importland Zollbegünstigungen erwirken.

Ein Erzeuger, der diese Ursprungsnachweise beantragt bzw. ausstellt, muss in seinem Unternehmen Aufzeichnungen führen, welche Vormaterialien (mit und ohne Ursprungseigenschaft) bei der Produktion Verwendung fanden und die entsprechenden Belege dazu auflegen haben. Ein Handelsunternehmen benötigt dazu eine Lieferantenerklärung gem. Verordnung 1207/2001 (EG) seines Vorlieferanten als Nachweis für die Ursprungseigenschaft der Ware.

Sämtliche Nachweise über die Ursprungseigenschaft der Waren haben zum Zeitpunkt der Antragstellung bzw. Abgabe der Ursprungserklärung auf der Rechnung vorzuliegen. Ein entsprechender Hinweis ist in den Antrag aufzunehmen. Liegen diese Nachweise nicht auf, ist im Falle einer Überprüfung mit finanzstrafrechtlichen Konsequenzen zu rechnen, wofür der Unterzeichner auch persönlich haftet.

Warenverkehrsbescheinigung EUR 1 - Grundsätzlich kann ein EUR 1 für Ursprungserzeugnisse unabhängig vom Warenwert ausgestellt werden. Sie ist vom Exporteur schriftlich bei der für die Ausfuhr zuständigen Zollstelle zu beantragen und besteht aus drei Blättern. Das erste Blatt ist für die Zollbehörde des Bestimmungslandes bestimmt, Blatt 2 verbleibt bei der ausstellenden Zollstelle, und Blatt 3 gehört dem Exporteur. Das Formular ist vom Ausführer auszufüllen und dem Zollamt, gemeinsam mit der Ausfuhranmeldung und den übrigen für die Durchführung des Verfahrens notwendigen Unterlagen zur Bestätigung vorzulegen. Auf dem Antrag sind grundsätzlich die Kriterien anzuführen, die zum Ursprungserwerb der Ware geführt haben.

Ursprungserklärung - Als Verfahrensvereinfachung für Kleinsendungen ist an Stelle der EUR 1 auch eine Ursprungserklärung auf der Rechnung als präferentieller Ursprungsnachweis möglich. Es bedarf keiner formellen Bestätigung durch die Zollbehörde, da dieser Nachweis in Eigenverantwortung des Ausführers ausgestellt wird. Die Nachweisführung hat jedoch mit der gleichen Sorgfalt wie bei der Warenverkehrsbescheinigung zu erfolgen.

Bei den wichtigsten europäischen Vertragspartnerstaaten ist die Abgabe der Ursprungserklärung auf der Rechnung bis zu einem Warenwert von € 6.000,- möglich. Um eine Zollbegünstigung in Anspruch nehmen zu können, ist der Wortlaut der Ursprungserklärung genau einzuhalten.

Ermächtigter Ausführer - Als weitere Vereinfachung kann die Zollbehörde Exporteuren, die häufig Ursprungswaren ausführen, bewilligen, auch über die Wertgrenze von € 6.000,- hinaus Ursprungserklärungen auf Rechnungen abzugeben. In diesem Fall ist der vorstehende Wortlaut der Ursprungserklärung mit dem Klammerausdruck "(Ermächtigter Ausführer; Bewilligungs-Nr....)" zu verwenden. Wenn Ursprungserklärungen jedoch mittels EDV abgegeben werden, kann bewilligt werden, dass die handschriftliche Unterzeichnung unterbleiben kann.

Für Detailfragen steht Ihnen die Wirtschaftskammer Wien (Tel 01-51450/1303, Hr. Herbert Herzig) zur Verfügung.

FACTBOX

Vorgeschriebener Wortlaut für Ursprungserklärungen (unter dieser Erklärung sind Ort und Datum sowie der Name der Person, welche diese Erklärung unterschrieben hat, in Druckschrift anzuführen):

> Der Ausführer (Ermächtigter Ausführer; Bewilligungs-Nr. ... [1]) der Waren, auf die sich dieses Handelspapier bezieht, erklärt, dass diese Waren, soweit nicht anders angegeben, präferenzbegünstigte ... [2] Ursprungswaren sind.

[1] Falls der Ausführer vom Zollamt die Bewilligung erhalten hat, diese Erklärung ohne Wertgrenze abzugeben, so ist hier die Bewilligungsnummer einzutragen. (siehe auch "Ermächtigter Ausführer")

[2] Hier ist das Ursprungsland der Waren anzuführen.

Klares Profil: Die Themenblöcke und Rubriken sind stringent gegliedert.

Neue Registrierungsvorschriften für juristische Personen

Auch bestehende Unternehmen müssen sich Nachregistrieren lassen.

Mit 1. Juli 2002 ist in Russland das Gesetz „Über die staatliche Registrierung juristischer Personen" vom 8.8.2001 N 129-F3 in Kraft getreten.

Waren bisher das Justizministerium und regionale Registrierungskammern zuständig, so übernimmt nun das Ministerium für Steuern und Abgaben (MNS) diese Aufgabe.

Seit 1. Juli müssen sich juristische Personen beim MNS registrieren lassen, wobei die regionale Zuständigkeit nicht durch den juristischen, sondern den faktischen Sitz der juristischen Person festgelegt wird. Darüber hinaus müssen sich bereits registrierte juristische Personen bis spätestens 31. Dezember 2002 beim MNS umregistrieren lassen, da sonst eine Liquidation erfolgt.

Die Registrierung dauert fünf Tage und kostet einheitlich EUR 2000,-. Bei der zuständigen Stelle im MNS liegen detaillierte Liste auf, welche Dokumente bei der (Um-) Registrierung beizubringen sind. Bei der (Um-) Registrierung ist zu beachten, dass mit der Unterfertigung des Registrierungsantrags nicht nur die Richtigkeit der gemachten Angaben, sondern auch die Konformität der Erstellung der Gründungsdokumente der juristischen Person mit russischen Gesetzen bestätigt wird. Detaillierte Informationen erhalten Sie bei der Aussenhandelsstelle der Wirtschaftskammer Österreich in Moskau.

INFORMATION

Neue Vorwahl-Rufnummern in Rumänien

In Rumänien gelten neue Ortsnetz-Vorwahlen. Vor die bisherige Vorwahl ist künftig eine 2 zu stellen. Parallel bleiben die alten Vorwahlen noch bis 14.9. erreichbar. Die neuen Vorwahlen - bei Inlandsgesprächen - lauten bei Bukarest 021 (bisher 01), Sibiu 0269 anstelle 069. Auch im Mobilfunk wurden die Vorwahlen geändert: Conney erreichen Sie unter 0721/0722/0723, Orange unter 0740/0744/0745, Zapp unter 0788 und Cosmorom unter 0766.

Finanzhilfen

Eines der vorrangigen Ziele der Europäischen Investitionsbank (EIB) liegt darin, die Kandidatenländer fit für den EU-Beitritt zu machen. Dafür floss der größte Teil der EIB-Finanzmittel für Zentral- und Osteuropa bis Ende 2001 mit 5.343 Mio. Euro nach Polen. An zweiter Stelle folgt Tschechien mit 3.902 Mio. Euro und Rumänien mit 2.704 Mio. Euro. Nach Ungarn gingen 2.684 Mio. Euro EIB-Finanzmittel. Über 1.000 Mio. Euro Finanzhilfe flossen in die Slowakei, nach Bulgarien und Slowenien. Auf Kroatien, Albanien, Mazedonien und Rest-Jugoslawien entfielen mit jeweils rund 150 Mio. Euro bisher die geringsten Finanzmittel.

Ungarn plant Maßnahmen zur Förderung von Investitionen

Széchenyi-Plan bleibt trotz Veränderungen grundsätzlich erhalten.

Die ungarische Regierung arbeitet zur Zeit ein neues Paket für die Förderung ausländischer Investitionen aus, welches im Herbst dem Parlament vorgelegt werden soll.

Darin wird ein EU-konformes und differenziertes System angestrebt. Neben Steuervergünstigungen wird es verschiedene andere Förderungen, auch finanzieller Art, beinhalten. In Erwägung gezogen werden u.a. die Bereitstellung von Grund und Boden oder von Infrastruktur, aber auch eine vollständige oder teilweise Übernahme der lokalen Gewerbesteuer. Investoren, die durch Ausbildungsmaßnahmen den Mangel an Arbeitskräften zu überwinden helfen, könnten ebenfalls in den Genuss von Vergünstigungen kommen.

Dazu könnte ein System geschaffen werden, das nach Regionen differenzieren wird: Standorte in rückständigen Regionen könnten besonders gefördert werden. Der Wirtschaftsminister sprach sich für die Fortsetzung des der Wirtschaftsförderung dienenden Széchenyi-

Die ungarische Regierung schreibt sich die Überarbeitung der Wirtschaftspolitik auf die Fahnen.

Plans aus, jedoch mit wesentlichen Änderungen. Eine Form der Hilfe könnte neben dem Kapitalfluss auch eine starke Reduzierung der im europäischen Vergleich besonders hohen Lohnnebenkosten oder auch der Einkommensteuer sein.

3.3 Erscheinungsweise und Umfang

Bei der Planung eines Newsletters empfiehlt es sich, zwei weitere Aspekte zu beachten:

- die Erscheinungshäufigkeit und
- den Umfang.

Bei beiden Kriterien sollte Kontinuität gewahrt werden. Manche Newsletter erscheinen zweimal im Jahr, manche viermal im Jahr, andere monatlich - wichtig ist, dass Sie sich an den einmal festgelegten Rhythmus halten.

Ein „monatlicher" Newsletter, der nur einmal im Quartal erscheint - bedingt durch redaktionelle oder technische Schwierigkeiten - wird unglaubwürdig und lässt Rückschlüsse auf die Zuverlässigkeit des Unternehmens zu. Hinzu kommt: Die Gewöhnung der Leser an das regelmäßige Erscheinen einer Publikation festigt die für den Kommunikationserfolg wichtige Leser-Blatt-Bindung.

Eine regelmäßige Herausgabe empfiehlt sich auch aus Gründen der Aktualität. Wenn aktuelle Meldungen häufig und umfangreich im Newsletter veröffentlicht werden, ist ein Erscheinen in kürzeren Abständen - etwa alle zwei Monate oder einmal im Quartal die beste Lösung.

Bevor Sie sich auf eine Frequenz festlegen, sollten Sie prüfen, ob die geplante Kontinuität mit dem verfügbaren Personal oder den externen Partnern auch realisierbar ist.

Der Umfang des Newsletters sollte nicht zu sehr schwanken. Von einem mehrseitigen Infoblatt bis zu einem achtseitigen Newsletter geht die Bandbreite, die von grundsätzlichen drucktechnischen Bedingungen bestimmt wird. Für die Frage, welche Seitenzahl technisch möglich und wirtschaftlich sinnvoll ist, sollten Sie sich an Ihre Druckerei wenden.

3.4 Praxisbeispiel: Konzept - Newsletter MERLOX

Das Konzept ist ein kreatives und in sich schlüssiges Planungspapier zum Lösen von Kommunikationsproblemen. In diesem gedanklichen Entwurf formulieren Sie:

- mit welchen Zielgruppen Sie über Ihren Newsletter kommunizieren möchten
- welche Ziele Sie mit dieser Kommunikation erreichen möchten
- mit welchen Inhalten Sie diese Ziele erreichen wollen
- in welchem Umfang und wie oft Sie Ihren Newsletter herausgeben möchten

Wie diese Überlegungen formuliert werden, zeigt das folgende Konzept für den Newsletter der MERLOX AG (ein mittelständisches Unternehmen mit Weiterbildungsangeboten für die IT-Branche):

Grundaussagen

Erfolgsfaktoren

Alleinstellungsmerkmale

- Wertanmutung durch exklusive Information = hoher Informationsgehalt
- Mischung aus Information, Service und Aktion = konkreter Nutzwert
- Journalistische Glaubwürdigkeit durch Themenvielfalt
- Interaktion für den Leser durch spezielle Angebote
- Keine Lobhudelei des eigenen Unternehmens

Die Titelseite

- Headlines, die neugierig machen
- Lesefreundliche Gestaltung
- Klare Absenderangabe

Der Inhalt

- klare Rubriken einrichten und beibehalten
- Lesegewohnheiten beachten, Auge wandert von links oben nach rechts unten (Z-Lesekurve)
- Einfache und klare Struktur und Sprache der Artikel
- Die rechte Seite wird eher wahrgenommen als die linke Seite.
- Editorial mit Botschaft des Herausgebers oder eines Gastes
- Leitartikel oder Specials nutzen
- Personalien
- Infokästen und Statistiken mit Kernaussagen
- Tipps und Termine
- Mut zur Selbstkritik
- Impressum

Leser-Responsemöglichkeiten

- Responsemöglichkeiten einbauen (Autoren oder Ansprechpartner am Ende des Artikels direkt nennen) - „Dialogboxen"
- Leserumfrage mit „exklusiven Preisen"
- Leser-/Kunden-Workshops organisieren
- Service-Hotline oder Service-Fax
- Preisausschreiben

Vier Thesen zum MERLOX-Newsletter

Motto: Nur wenn unsere Kunden und Partner erfolgreich sind, sind auch wir erfolgreich.

These 1: Leser bindet man nicht durch ständige Hinweise auf die Corporate Identity des Unternehmens. Mit anderen Worten: Der Aufruf „Kauft MERLOX!" ist verpönt.

These 2: Information - Orientierung - Service sind die Eckpfeiler des redaktionellen Konzepts.

These 3: Im Vordergrund stehen dabei nicht die Produkte und Dienstleistungen, sondern redaktionelle Beiträge, die das Lebensgefühl und die Arbeitswelt der Leser widerspiegeln sollen und sich ihnen von der emotionalen Seite nähern.
Im Spannungsfeld Mensch - Bildung - Wirtschaft geht es darum, Inhalte vorzubereiten, sie in die Diskussion zu bringen, um Bewusstseinsbildung bei den Lesern zu erreichen.

These 4: Reportagen, Essays, Interviews, Hintergrundberichterstattung und Branchennews - mit konkretem Nutzwert - zu Kernthemen aus den Bereichen

- Bildung/Hochschule
- E-Business
- Weiterbildung/Beruf und Karriere
- StartUp/Existenzgründung

dienen als Spiegelbild der Philosophie und Leistungsfähigkeit der Marke MERLOX und vermitteln Informationen über die Welt, in der die MERLOX AG agiert. In diesem Zusammenhang sollte der Kurs des Unternehmens dokumentiert werden, das Unternehmen aber zurückhaltend dargestellt werden.

Externe Herausgabeziele und Zielgruppen

Kunden und Partner

- Marke und Dienstleistungen bekannt machen
- Markenimage aufbauen
- Kundenbindung erhöhen
- Vernetzung aufbauen
- Adressen für weitere Marketingaktivitäten sammeln
- Spezielle Informationen für Nutzerkreis - Exklusivität
- Mehrwert durch vernetzte, integrierte Kommunikationsstrategie = Newsletter print/online
- dauerhafte Partnerschaften entwickeln

Multiplikatoren

- Informationspolitik aufbauen und Image aufbauen und verstärken

Titelvorschlag

MERLOXmedia 1.0
Campus Company News

MERLOXupdate 2.0
Campus Company Online News

Format, Umfang und Erscheinungsweise

DIN A4, 4 Seiten; Printausgabe: 4x pro Jahr
Newsletter online: 1x pro Monat

Rubriken

Trends und Positionen

- Markttrends
- Branchen-News („News-Ticker")
- Bühne für Diskussionen mit Vordenkern aus den Bereichen Bildung/Hochschule, E-Business, Weiterbildung/Beruf und Karriere, Existenzgründung

Karriere und Märkte

- Kurzporträts von erfolgreichen Existenzgründern
- Weiterbildungskonzepte in Unternehmen
  z. B. wenn über Trends in der Weiterbildung berichtet wird, werden im Artikel die Angebote von MERLOX angerissen. So verknüpft man nutzwerte Informationen gleich mit absatzpolitischen Instrumenten.
- Hochschule/Bildung der Zukunft
- Ausbildungsberufe IT-Sektor
- Personalien

Ideen und Innovation

- Mittelstand und E-Business
- Zeitungen online
- IT-Projekte/Entwicklungen
- B2B-Plattformen/E-Commerce
- Produktinnovationen anwenderorientiert, mit detaillierten Fachinformationen und Tipps zum Handling

Cross Publishing - Newsletter online

Leitgedanke:
Network statt Patchwork!
Es genügt nicht, lediglich die Printausgabe ins Internet zu stellen.

Effizientes Cross Publishing heißt:
Vernetzung zwischen Newletter print und Online-Ausgabe,
z.B. Newsletter 4x im Jahr, Internet-Newsletter monatlich aktualisieren
Newsletter bietet Links und Querverweise mit zusätzlichen Informationen in der Online-Ausgabe, z.B. Newsletter leitet die Leser auf die MERLOX-Website, dort Online-Buchung von IT-Seminaren oder Anmeldung zu Messen

Dies sind die Erfolgsfaktoren:

Internetlogik beherzigen

- Inhalte häufig aktualisieren
- Verzicht auf aufwendige Bilder wegen zu hoher Ladezeiten
- Kurze Texte

- Schnelle, übersichtliche und aktuelle Aufbereitung der Informationen
- Thematische Strukturierung, Rubrizierung und Orientierungshilfen entsprechen der Printausgabe
- Ständig aktualisierte NEWSSPALTE
- Dialoginstrumente „Dialog-Button", z.B. einzelne Texte auswählen und die Informationen runterladen
- Internetarchiv mit Zugriff auf ältere Ausgaben
- Leser bei Themenplanung einbinden
- Leserbefragungen
- Veranstaltung von Chat-Sitzungen, z.B. mit Projektteams, dem Vorstandsvorsitzenden oder dem Bereich Unternehmenskommunikation zu aktuellen Themen

3.5 Organisatorische Bedingungen: Überlegungen zu Strukturen - Verantwortlichkeiten - Vertrieb - Kosten

3.5.1 Interne Eingliederung des Newsletters

Für die Einbindung des Newsletters in einen verantwortlichen Unternehmensbereich bieten sich in der Regel zwei Möglichkeiten an: Man kann die Herausgabe der Publikation in der Pressestelle oder in der Marketingabteilung ansiedeln.

Die Zuordnung zur Abteilung Presse- und Öffentlichkeitsarbeit hat vor allem folgende Vorteile:

- Kommunikation wird ernst genommen: Die Abteilung zeichnet sich in der Regel durch die nötige Nähe zur Geschäftsführung aus. Die PR-Mitarbeiter verfügen in einem frühen Stadium über die nötigen Informationen.
- Journalistische Kompetenz: Die Mitarbeiter sind routiniert in allen Fragen des sensiblen Umgangs mit der Öffentlichkeit. Ihre journalistische und organisatorische Kompetenz, die sie regelmäßig bei Pressemitteilungen und im Umgang mit Medienvertretern unter Beweis stellen, lässt sich auch für einen qualitativ hochwertigen Newsletter nutzen.

Die Zuordnung gewährleistet auch, dass die inhaltliche Gestaltung im Einklang mit dem strategischen Konzept der Unternehmenskommunikation steht.

Die Einbindung des Newsletters in die Marketingabteilung ist eine bedenkenswerte Alternative:

- hohes Maß an Kundenorientierung: Bedingt durch ihr absatzorientiertes Arbeiten kennt die Marketingabteilung die Wünsche und Bedürfnisse der Kunden und Interessenten - auch nach weiterführenden Informationen. Durch das Feedback der Kunden ergeben sich somit Themen, die sich am Lesebedürfnis der Zielgruppe orientieren und zur erfolgreichen Kundenbindung aufbereitet werden können.

Der interne Informationsfluss

In jedem Fall ist es unabdingbar, den internen Informationsaustausch mit den verschiedenen Abteilungen des Unternehmens zu regeln. Darüber hinaus ist es wichtig, innerhalb des für den Newsletter verantwortlichen Teams eine eindeutige Kompetenzverteilung abzusprechen. Beispielsweise bietet sich an, dass der PR-Verantwortliche oder Marketingleiter auch als Chefredakteur für die grundsätzliche Ausrichtung des Titels und für die Inhalte der einzelnen Artikel verantwortlich ist. Die routinemäßigen Arbeitsabläufe übernimmt ein Mitarbeiter, der Ansprechpartner für die Koordination mit allen Abteilungen des Unternehmens und den möglichen externen Dienstleistungspartnern ist.

Die Arbeit der internen Redaktion wird durch regelmäßige Informationsgespräche mit den Abteilungsleitern unterstützt. Eine fest etablierte Redaktionskonferenz beschleunigt den Informationsfluss und fördert den für einen erfolgreichen Newsletter notwendigen unternehmensinternen Dialog.

Internes Know-how ist ein Muss

Da ein Newsletter nur dann funktioniert, wenn er journalistisch gut gemacht ist, sollten Sie die vorhandene interne Kompetenz für die Betreuung des Objekts prüfen. Mit anderen Worten: Sie müssen im Unternehmen jemanden finden, der für die Zielgruppe verständlich und flüssig schreiben und wesentliche Informationen auf den Punkt bringen kann. Diese Mitarbeiter sollten journalistische Erfahrung besitzen und wissen, wie man einen thematisch interessanten Newsletter aufbereitet.

3.5.2 Externe oder interne Dienstleistungen?

Der ausgeprägte Qualitätsanspruch der Leser an Kundenpublikationen macht deutlich, wie wichtig für Unternehmen die richtigen externen Partner mit verlegerischem Know-how sind.

Um einen Newsletter zu realisieren, sind Dienstleistungen aus verschiedenen Bereichen nötig: Konzeption - Redaktion - Bildbeschaffung - Grafik - Herstellung.

Für jeden dieser Bereiche stellt sich die Frage: selbst machen oder einkaufen? Eine pauschale Antwort ist schwierig - die ideale Lösung wird immer vom einzelnen Unternehmen, den gestellten Anforderungen und dem internen Know-how abhängig sein.

Ein Blick auf die einzelnen Realisierungsphasen eines Newsletters zeigt, was es bei der Entscheidungsfindung abzuwägen gilt:

Konzeptionsphase

Auch wenn die unternehmensinterne Konzeption des Newsletters abgeschlossen ist, sollten im nächsten Schritt weitere externe Dienstleister wie Redaktions- und Grafikbüros, die sich mit der Entwicklung von Newslettern befassen, in die Konzeptionsphase eingebunden werden. Der Vorteil liegt auf der Hand: Erfahrene externe Berater kennen Newsletter aus Ihrer Branche und können so aus erfolgreichen Einzelbeispielen wertvolle Anregungen für eine optimale Konzeption liefern - und gegebenenfalls vor folgenschweren Fehlern warnen.

Redaktionsleistungen

Ist das journalistische Know-how im Unternehmen groß genug, spricht nichts gegen eine interne Redaktion. Sind diese Ressourcen nicht vorhanden, bietet es sich an, den Newsletter teilweise oder ganz an ein Redaktionsbüro zu vergeben. Allerdings: Es besteht die Gefahr, dass der Kommunikationsprozess erschwert wird. Da die externen Dienstleister nicht automatisch in den internen Informationsfluss eingebunden sind, muss die Themenfindung intern stattfinden.

Gestalterische Dienstleistungen - Herstellung

Die grafische Umsetzung der Konzeption sollten Sie in jedem Fall Profis überlassen - nur sie haben den geschulten Blick für die notwendige visuelle Gestaltung und technische Realisierung. Hinzu kommt, dass die Kosten der notwendigen technischen Ausstattung für Layout/Satz, Lithografie etc. nicht im Verhältnis zum Nutzen für das Unternehmen stehen.

Aus diesen Erkenntnissen ergibt sich für die Realisierung Ihres Newsletters: Qualität und Professionalität sind für den Erfolg des Newsletters entscheidend. Externe Dienstleister sollten daher nicht aus der Werbewelt kommen, sondern auf die Realisierung von Kundenzeitschriften und Newslettern spezialisiert sein. Vielfach übernehmen Redaktionsbüros, Agenturen oder Verlage die gesamte Betreuung eines Newsletters - von der Unterstützung in der Konzeptionsphase über die Redaktion bis hin zum Druck und Vertrieb.

3.5.3 Wie Sie externe Partner auswählen

Zur Beurteilung externer Dienstleister empfiehlt es sich, einige Faktoren zu berücksichtigen, die mit der Kostenseite nichts zu tun haben.

Nachfolgende Checkliste bietet hier Entscheidungshilfe:

Checkliste Beurteilungskriterien

Angebot

- Ist das Angebot gut strukturiert und logisch aufgebaut?
- Sind die Leistungen klar definiert?

Referenzen

- Sind die Referenzen aktuell?
- Gibt es vergleichbare Projekte aus der eigenen Branche?
- Wird die Gelegenheit genutzt, beim vom Dienstleister genannten Unternehmen nachzufragen?

Firmenstruktur

- Wie ist die technische Ausstattung?
- Gibt es bei einem Firmenbesuch die Gelegenheit, mit den Mitarbeitern über das Projekt zu sprechen?

Redaktionsbüro

- Gibt es Referenzobjekte, und wie ist der Eindruck von den redaktionellen Mitarbeitern?
- Können Textproben zur Beurteilung des zielgruppenorientierten Schreibstils geliefert werden?
- Wie werden fachspezifische Themen aufbereitet?

Grafik-Dienstleister

Unter dem Aspekt der jeweiligen Zielgruppe für die Kundenpublikation:

- Sind die Referenzobjekte gestalterisch interessant gemacht?
- Sind sie sauber gesetzt und sorgfältig umbrochen (Zeilenverläufe, Absätze, Überschriften)?
- Reizt die optische Aufmachung zum Lesen der Artikel (Leserführung)?

3.5.4 Vertriebskonzept: Ihr Newsletter auf dem Weg zum Leser

Nachdem Sie Ihre Überlegungen hinsichtlich der Inhalte sowie der Organisation Ihres Newsletters abgeschlossen haben, ist es nun notwendig, sich Gedanken über den Vertrieb zu machen. Dabei entscheidet die unternehmensinterne Logistik, inwieweit Sie den Vertrieb Ihres Newsletters in Eigenregie abwickeln können oder ob Sie auf externe Dienstleister zurückgreifen werden.

Folgende zentrale Vertriebswege stehen zur Verfügung:

- Vertrieb über Handelspartner

  Diese Vertriebsform bietet sich an, wenn Ihr Newsletter Endkunden erreichen soll. Entweder liegt der Titel im Geschäft kostenlos aus oder wird beim Kassiervorgang überreicht. Nachteil: Die Zielgruppe wird nur bedingt eingegrenzt und es müssen hohe Streuverluste eingeplant werden - entsprechend hoch ist die Auflage und damit steigen auch die Kosten des Newsletters.

- Direktversand über eigene Kundenadressen
  Neben verschiedenen Vertriebswegen, die in der Regel nur als flankierende Maßnahmen genutzt werden, wie zum Beispiel die Verteilung auf Messen und Ausstellungen sowie über den Außendienst, setzen die meisten Unternehmen auf den Direktversand ihres Newsletters. Vorteil: Es gibt praktisch keinen Streuverlust beim Vertrieb, vorausgesetzt, das Unternehmen verfügt über eine optimal aufbereitete Kundendatenbank.

Praxistipp: An Stelle eines Prospekts können Sie den Newsletter auch den Werbebriefen beilegen. Dabei ist es sinnvoll, der Direct-Mail-Sendung Preisangebote und einen Bestellcoupon beizufügen.

Eine qualifizierte Marketing-Datenbank zur Kundenbindung

Dabei geht es nicht nur darum, durch die laufende Pflege der Datenbank immer die aktuellen Adressen zum Versand des Newsletters zur Verfügung zu haben. Vielmehr sollten die Datensätze so aufbereitet werden, dass sie als Basis für weitergehende Marketingmaßnahmen dienen. Dazu werden zusätzlich zu den eigentlichen Adressdaten Informationen in die EDV-Systeme eingespeist, die dann systematisch ausgewertet werden. Diese Daten stammen in der Regel aus internen Quellen, wie zum Beispiel aus Informationen des Außendienstes oder aus Kundenbefragungen, die u.a. mit Hilfe des Newsletters erhoben werden können. Eine qualifizierte Marketing-Datenbank für Firmenkunden sollte als Basis die Datenbankenfelder enthalten, die in der nachfolgenden Checkliste aufgeführt sind.

Dieses Schema ist auch auf den Bereich Endverbrauche übertragbar - mit entsprechend geänderten Datenbankfeldern, wie Alter und Familienstand des Kunden, Haushaltsnettoeinkommen, Freizeitverhalten oder geplanten Anschaffungen.

Selbstverständlich muss jedes Unternehmen eine Kundendatenbank individuell entwickeln. Eine Grundstruktur könnte folgendermaßen aussehen:

Checkliste Kundendatenbank: Aufbau und Grundstruktur

Status des Kunden

- potenzieller Kunde
- Neukunde
- Aktueller Kunde
- Ehemaliger Kunde

Stammdaten

- Name, Anschrift, Telefonnummer, Fax, E-Mail-Adresse
- Branche
- Betriebsgröße

Marktpotenzial

- Ausstattung
- Beschaffungsvolumen und Anschaffungspläne

Bedarfsstruktur

- Produktanforderungen
- Serviceanforderungen
- Beratungsbedarf

Kaufverhalten

- Preissensibilität
- Innovationsfreudigkeit
- Lieferantenauswahl

Wettbewerbsposition

- Angebote
- Angebotserfolg
- Gründe der Ablehnung
- Aufträge
- Reklamationen
- Wettbewerber

Entscheidungsgremien

- Größe
- Zusammensetzung
- Rollenverteilung

Kontaktperson

- Motivation
- Einstellungen
- Informationsverhalten
- Hierarchiestellung
- Position im Entscheidungsgremium

Kommunikationskanal

- Außendienstbesuch
- Messekontakt
- Direct-Mail
- Dialog-Anzeige
- Internetauftritt

Kommunikationsinhalt

- Produktnutzen
- Wettbewerbsvorteil
- Kundenproblem
- Konditionen

> Kundenreaktionen
>
> - Spontananfrage
> - Empfehlungsanfrage
> - Informationsanforderung
> - Besuchswunsch
> - Auftrag
>
> Konditionen
>
> - Preise
> - Lieferbedingungen
> - Rabatte
> - Zahlungsbedingungen

Info-Service - Wichtige Adressen

Die Direktmarketing-Center der Post bieten konkrete Informationen und individuelle Beratung an - rund ums Direktmarketing sowie zu den Anforderungen des Postversands für Ihren Newsletter. Und das alles kostenlos.

Die Adresse der Center-Filiale in Ihrer Nähe erfahren Sie über die Telefonnummer des Geschäftskunden-Services/Deutsche Post AG, Telefon 0 18 05/55 55.

3.5.5 Budgetplanung: Ihr Newsletter ist ein Kostenfaktor

Eine detaillierte Kalkulation für die Bereiche Redaktion und Herstellung ist erst dann möglich, wenn sehr genau festgelegt worden ist, welche optischen Elemente, welche Inhalte und welches Bildmaterial im Newsletter verwendet werden sollen; für die Kalkulation der Bereiche Druck und Vertrieb benötigen Sie darüber hinaus Informationen über das Format, die Auflage, den Umfang, die Erscheinungsweise, die Papierart und das Papiergewicht.

In diesem Kapitel finden Sie ein Berechnungsbeispiel, das die wichtigsten Kalkulationseckdaten verdeutlicht.

Kostengrößen im Überblick

Bei der Budgetierung eines Newsletters sollten Sie in der Regel zwei Kostenblöcke unterscheiden: die Kosten für die Konzeption in den Bereichen Redaktion und Grafik sowie die Kosten für die Herstellung. Im Rahmen der Konzeptionsphase wird ein so genannter Dummy erstellt, der die konzeptionellen Vorgaben visualisiert darstellt - er beinhaltet jedoch keine Originaltexte oder Bilder. Dieser Dummy dient dazu, die Tragfähigkeit des Newsletter-Konzepts zu überprüfen und eine detaillierte Kalkulation zu erstellen. Mit der Herstellung eines Dummys werden folgende Kalkulationseckdaten festgelegt: Papierart und -format, Heftstruktur, Umfang, Text- und Bildanteil.

Die Kosten in der Realisierungsphase beinhalten diejenigen Kosten, die für die redaktionelle und grafische Erstellung eines Newsletters anfallen. Die in diesem Zusammenhang zu berücksichtigenden umfang- und auflageabhängigen Kosten beziehen sich auf Druck und Vertrieb - sie hängen vor allem von der Einschätzung ab, wie groß der Informationsbedarf (Umfang) und die Zielgruppe (Auflage) sind.

Berechnungsbeispiel für die Budgetierung eines Newsletters pro Ausgabe bei externer Vergabe

Die genannten Preisbeispiele sind Durchschnittswerte und können durch unterschiedliche Aufgabenstellungen und qualitative Anforderungen naturgemäß von den genannten Eckwerten abweichen.

Eckdaten

- Erscheinungsweise: vier Mal jährlich
- Auflage: 1000 Stück
- Umfang: vier Seiten
- Format: DIN A4 mit Anschnitt
- Farben: 4/4-farbig
- Papier: 135g/qm holzfrei, Bilderdruck, matt
- Bildmaterial: angeliefert, durchschnittlich ein Bild/eine Grafik pro Seite

Kosten in der konzeptionellen
Vorlaufphase/Redaktion - Grafik (einmalig)   2500 Euro

Kosten in der Realisierungsphase

Redaktionsleistungen:

- Erstellen von Redaktions- und Terminplänen
- Redaktionsbesprechungen
- Redaktionelle Leitung

- Text- und Bildrecherche, Texterstellung,
- Redigieren gestellter Texte
- Textabstimmung und Freigabeverfahren
- Hauskorrektur/Endredaktion

Grafik/Typografie:
- Seitengestaltung Text und Bild
- Farbausdrucke
- Abstimmung und Korrekturlauf

Druckvorstufe
- High-End-Scans
- Seitencomposing, Digitalproofs

                        pauschal   5500 Euro

Umfang- und auflagenabhängige Kosten
- Druck   <u>1500 Euro</u>

Kosten pro Ausgabe (inkl. Druck):   **7000 Euro**

Zzgl. einmalige Entwicklungskosten   2500 Euro

4 Die Realisierung Ihres Newsletters

4.1 Redaktion

4.1.1 Inhalte - Themenfindung - Praxisbeispiel: Newsletter MERLOX

Auf der Grundlage der Konzeption Ihres Newsletters gilt es im nächsten Schritt, die thematischen Schwerpunkte redaktionell in die Praxis umzusetzen.

Bei der Auswahl der Themen sollten Sie beachten, dass die Inhalte mit der Kernkompetenz Ihres Unternehmens assoziiert werden können. Die Informationen sollten Aktualitätsbezug haben und der Nutzenerwartung der Leser-Zielgruppe entsprechen. Wiedererkennbare feste Rubriken erleichtern die Orientierung, Service-Bereiche mit Expertentipps und Adressen stärken die Leser-Blatt-Bindung und damit die Kundenbindung.

Zur Vermeidung ungewollter thematische Überschneidungen empfiehlt es sich, die Themenschwerpunkte kommender Newsletterausgaben im Voraus festzulegen.

> **Praxistipp:** Orientieren Sie sich bei der Themenfindung an erfolgreichen Newslettern oder Kundenmagazinen, die thematisch die gleichen Zielgruppen bedienen - wertvolle Anregungen beflügeln so die eigene Phantasie.

Wie eine zielgruppengerechte Themenauswahl entwickelt wird, die Fakten aus dem Unternehmen und der Branche berücksichtigt, zeigt das folgende Beispiel eines Themenplans:

Praxisbeispiel: Themenplan

Objekt: Newsletter MERLOX

Der Themenplan basiert auf einer vierseitigen Ausgabe.

Newsletter-Auftakt (eine Seite)
- Titel: MERLOX AG mit neuem Entwicklungsauftrag
- Inhalt/Impressum
- Editorial

Hauptteil (zwei Seiten)
- Wissen und Markt - Vom Fachwissen zur Handlungskompetenz
- Staatliche versus private Bildung
- Die Bedeutung marktorientierter Bildung
- Neue Züricher Zeitung mit neuem Online-Auftritt
- Netzgeschäfte mit Haus und Grund - Immobilienportale
- Virtuelle Universität - Online-Angebote für Fort- und Weiterbildung
- Erfolgsfaktoren des E-Learning
- News: Suchkatalog rund um die Existenzgründung

Newsletter-Ausklang (eine Seite)
- Harry online - die „Pottermania" erreicht das Internet
- Motivationsstrategien in IT-Unternehmen
- START - Die Existenzgründermesse für Deutschland

> **Praxistipp:** Manche Themen sind für einen einzigen Artikel einfach zu interessant. Schreiben Sie eine Artikelserie! Vorteil: Sie können ein interessantes Thema ausführlicher behandeln und es trotzdem in lesefreundliche „Häppchen" präsentieren. Außerdem haben Sie dadurch Stoff statt für zwei oder drei Newsletter-Ausgaben - das erhöht die Leser-Blatt-Bindung.

An dieser Stelle wird bewusst darauf verzichtet, alle Facetten journalistischen Handwerks zu vermitteln, da dies den Rahmen des Ratgebers sprengen würde.

Im Weiteren soll jedoch zur Orientierung auf einige inhaltliche und formale Aspekte eingegangen werden, die bei Ihren Lesern entscheiden, welchen Eindruck sie von Ihrem Newsletter gewinnen: Ist er redaktionell abwechslungsreich, interessant und professionell gemacht oder wirkt er bieder, langweilig und handgestrickt?

4.1.2 Recherche - Überschriften - Texterstellung - Praxisbeispiel: Newsletter ostnews

Recherche

Die journalistische Kompetenz des Newsletters und damit auch die Glaubwürdigkeit Ihres Unternehmens wird beschädigt, wenn in den Artikeln falsche Informationen auf Grund mangelnder Recherche verbreitet werden.

Der Autor muss also überprüfen, ob die Informationen, die er erhält, sachlich richtig sind, dass heißt korrekt und in Bezug auf die Fakten belegbar sind. Also denken Sie daran: Hinterfragen Sie in jedem Fall zweifelhafte Informationen. Bequemlichkeit kann - neben möglicher juristischer Konsequenzen - einen erheblichen Aufwand bei der Nachrecherche bedeuten und das pünktliche Erscheinen Ihres Newsletters gefährden.

> **Praxistipp:** Klären Sie rechtliche Fragen im Rahmen der Recherche. Oft sind sich die Verfasser von Artikeln nicht bewusst, dass Texte und Illustrationen auch rechtliche Aspekte berühren: Werden Persönlichkeitsrechte berücksichtigt? Ist die Zustimmung von Kooperationspartnern oder Auftraggebern erforderlich und muss der Artikel mit ihnen abgestimmt werden? Sind Veröffentlichungsrechte berührt (z.B. bei Photos von freien Fotografen)?

Überschriften - Texterstellung

Jede journalistische Darstellungsform - ob Bericht, Feature, Reportage, Interview oder Porträt - trägt eine Überschrift. Sie macht neugierig auf den Inhalt und schafft durch ihre Formulierung den entscheidenden Leseanreiz.

Bei einem längeren Artikel ist eine Headline (nennt den Rahmen der Meldung) und ein Untertitel (genauere Angaben über Teilaspekte) sinnvoll, die den Leser über den wesentlichen Inhalt der Meldung informieren.

In der Praxis zeigen sich allerdings immer wieder Defizite, wenn es darum geht, aussagekräftige Überschriften zu formulieren. Daher empfiehlt es sich, einige Grundsätze zu beachten, die auch für Bildunterschriften gelten:

- In der Überschrift sollte der gleiche Begriff nicht zweimal vorkommen.
- Der Untertitel sollte keine Variation der Headline sein, sondern zusätzliche Informationen bieten.
- Überschriften sollten keine unverständlichen Wörter enthalten.

Bedenken Sie jedoch: Selbst eine spektakuläre Überschrift kann gravierende Qualitätsmängel im Text nicht ausgleichen. Schlüssig aufgebaute Texte, ein aktiver Sprachstil und ein verständlicher Satzbau sind das A+O bei der Erstellung von Artikeln - in der Praxis werden diese Hinweise nicht immer beachtet.

Woran Sie bei der Texterstellung denken sollten, verdeutlichen noch einige Tipps:

Praxistipp: Ein professioneller Beitrag beantwortet im ersten Teil die so genannten „W-Fragen". Wer? Was? Wann? Wo? Warum? Das Wichtigste kommt an den Anfang: die folgenden Informationen sind von nachrangiger Bedeutung. Längere Meldungen werden durch Zwischenüberschriften strukturiert. Ein guter Artikel ist logisch und klar gegliedert. Er enthält kurze Sätze und kein Fachchinesisch. Schreiben Sie in einem aktiven Sprachstil: Es sollte deutlich werden, wer etwas tut. Statt „Ein neuer Vorstand ist gewählt worden" besser „... haben die Mitglieder einen neuen Vorstand gewählt".

Sollten Sie Namen nennen, geben Sie auch den Vornamen an (ohne „Herr" oder „Frau"). Fügen Sie Zitate ein, die den Text auflockern.

Praxisbeispiel: Newsletter ostnews

Wie der Leser mit nutzwerten Informationen durch schlüssig aufgebaute Texte und einen verständlichen Satzbau professionell bedient wird, zeigen Seiten aus verschiedenen Ausgaben des Newsletters ostnews.

Photos lockern dabei das Gesamtbild des Newsletters entscheidend auf und sind ebenso wie anschauliche Grafiken oder erläuternde Illustrationen von zentraler Bedeutung. Denn: Fotos werden schnell beachtet und können darüber hinaus oft ein Problem besser darstellen.

Verwenden Sie große Sorgfalt auf das Erstellen und die Auswahl der Bildmotive: Ohne Handlung sind Fotos oft langweilig und tragen selten zur Ergänzung der Textinformationen bei. (Tipps zur Photobeschaffung s. Seite 56)

Ausgabe Nr. 49 - März 2002

Aktuelle Informationen über Zentral- und Osteuropa

ostnews

Luftfracht in der Slowakischen Republik Seite 7

Bulgarien setzt auf Privatisierung und fremde Investoren
Seite 2

Slowenien bangt um seine Exportwirtschaft
Seite 4

EU führt einheitliches Zoll-Informationssystem ein
Seite 6

Kroatien will nun auch in die Europäische Union
Seite 3

Große Chance für Österreich durch EU-Osterweiterung
Seite 5

Ihr direkter Draht zu Gebrüder Weiss
Seite 8

Professionell: Titelgeschichte und Aufmacherfoto bilden eine Einheit

Slowakei

Luftfrachtspezialisten

Luftfracht in der Slowakei: Viel Know-how trotz Ermangelung eines echten „internationalen" Flughafens

Der Flughafen Wien-Schwechat wird oft als Drehscheibe für slowakische Luftfrachtsendungen genutzt

Wichtige Adressen

Slowenien
DV: 1010 Wien, Nibelungeng. 13/3,
Telefon (01) 588 13 09, 585 13 23
ÖH: SI-1000 Ljubljana, Nazorjeva 6,
Telefon (+386) 425 22 54, 425 22 44

Slowakei
ÖH: SK-81499 Bratislava, Grösslingova 7,
Telefon (+421) 2/57 10 17 00

Tschechien
DV: 1140 Wien, Penzinger Str. 11-13,
Telefon (01) 89 43 741
ÖH: CZ-11121 Praha 1, Krakovska 7,
P.O.Box 493
Telefon (+420) 2-222 10 255

Ukraine
DV: 1180 Wien, Naafgasse 23,
Telefon (01) 497 71 72/0
ÖH: UA-01034 Kiev, Volodimirska 48a,
Telefon (+380) 44-235 13 41

Ungarn
DV: 1010 Wien, Bankgasse 4-6,
Telefon (01) 533 26 31
ÖH: H-1062 Budapest VI, Dellbab utca 21,
Telefon (01) 351 11 96

DV: diplom. Vertretung in Österreich
ÖH: österreichischer Handelsdelegierter

Die Annäherung der Slowakischen Republik an die Europäische Union hat viele ausländische Unternehmen ermutigt, in der Slowakei zu investieren. Diese Multi's sind die eigentliche treibende Kraft in der Slowakischen Republik, dies gilt besonders für die Luftfracht-Branche.

Die Rahmenbedingungen für den Warentransport per Flugzeug sind aber in der Slowakei nicht sehr gut entwickelt. Der einzige internationale Flughafen befindet sich in Bratislava, jedoch entspricht dieser Airport bei weitem nicht den internationalen Standards. Die Folge daraus ist, dass der Flughafen Bratislava hauptsächlich für Charterflüge, und auch diese vorwiegend in der Hauptreisezeit, genutzt wird. Der Flugverkehr mit regulären Linienflüge wird zum Großteil über Wien bzw. zum Teil auch über Prag abgewickelt. Für den Luftfrachtbereich bedeutet dass, das viele Speditionen zwar eigene Luftfracht-Verkaufs- und Handlingbüros in der Slowakei betreiben, der effektive Luftfrachttransport beginnt aber nicht selten in Wien oder einem anderen europäischen Flughafen.

Ein dichtes internationales Partnernetz ist daher für slowakische Speditionen ein wichtiger Erfolgsfaktor. Gebrüder Weiss Bratislava hat dabei durch die internationalen Kontakte des österreichischen Mutterunternehmens eine gute Ausgangslage. Dadurch konnte das von Gebrüder Weiss Bratislava abgefertigte Aufkommen gegenüber dem Jahr 1999 fast verfünffacht werden. Das Kerngeschäft besteht, analog zum allgemeinen luftfrachtspezifischen Umfeld der Slowakischen Republik, aus Importen aus den Vereinigten Staaten. Aber auch Importe aus Japan und zum Teil auch das Exportgeschäft, zu einem nicht unbeträchtlichen Teil aus der Automotive-Industrie, sind wichtige Standbeine.

Luftfrachtsendungen via Gebrüder Weiss Bratislava werden lokal in der Slowakei bearbeitet und abgefertigt, mittels einem Roadfeeder-Service zwischen Gebrüder Weiss Bratislava und Gebrüder Weiss Wien zum Flughafen Schwechat gebracht und hier den Airlines übergeben. Ein System, das den Slowakischen Kunden die ganze Palette der Möglichkeiten des österreichischen Marktführers Gebrüder Weiss im Luftfrachtsegment, wie beispielsweise den regelmäßigen Sammelverkehren in alle Wirtschaftszentren der Welt, eröffnet.

FACTBOX

> Gebrüder Weiss -
  Bratislava, s.r.o.
  Roznavska 2
  SK 821 01 Bratislava
> Anna Mrazova
> Katarina Mackova
> Tel 004217 43423281,
  43413041, 43414240,
  43422218
> Fax 004217 4342 0323,
  4341 4239
> E-Mail: anna.mrazova@
  gebr-weiss.com
  katarina.mackova@
  gebr-weiss.com

Ausfuhren nach Ungarn erstmals rückläufig

Die österreichischen Exporte nach Ungarn sind im Jahr 2001 erstmals seit der Ostöffnung zurückgegangen. Insgesamt hat die heimische Wirtschaft im Vorjahr Waren im Wert von 3,3 Mrd. Euro nach Ungarn geliefert, um 4,6 Prozent weniger als im Jahr 2000. Dadurch fiel Ungarn in der Reihung der wichtigsten österreichischen Exportmärkte auf den 7. Rang zurück und liegt hinter Deutschland, Italien, USA, Schweiz, Großbritannien und Frankreich. Österreich hält am ungarischen Markt einen Anteil von rund acht Prozent.

Der Rückgang der heimischen Exporte nach Ungarn ist in erster Linie auf die veränderte Produktionsstruktur beim Philips-Konzern zurückzuführen, der auf beiden Seiten der Grenze bedeutende Produktionswerke unterhält, erläutern Wirtschaftsexperten. Starke Zunahmen habe es dagegen im Erdölexport und bei der Ausfuhr von chemischen Erzeugnissen gegeben, darunter medizinische und pharmazeutische Waren, Körperpflege- und Reinigungsmittel oder Kunststoffe.

Hungaroweiss eröffnete neuen Terminal bei Budapest

Das neue Hungaroweiss-Logistikzentrum in Dunaharaszti, südlich von Budapest, direkt an der Autobahn M0, wurde ende Juni bezogen

Der neue Hungaroweiss-Terminal in Dunaharaszti

Die zum internationalen Transport- und Logistikkonzern Gebrüder Weiss gehörende Spedition Hungaroweiss eröffnete eine neue Ungarn-Zentrale in Dunaharaszti, südlich von Budapest, direkt an der Autobahn M0. Die Übersiedelung vom bisherigen Standort Hosszuret-Depo bei Törökbalint nach Dunaharaszti erfolgte Ende Juni dieses Jahres. Auf rund 13.000 Quadratmetern werden dort über 160 Beschäftigte untergebracht sein. Investiert wurden über 10 Millionen Euro.

"Um den hohen Anforderungen unserer Kunden aus dem High-tech-, Automotive- und Pharmabereich auch in Zukunft gerecht werden zu können, haben wir rechtzeitig in ein modernes Logistikzentrum investiert", betont der Geschäftsführer von Hungaroweiss, Frank Adenauer, die Kundenorientierung seines Unternehmens.

In nur zehn Monaten, Baubeginn war der September des Vorjahres, wurde der neue Terminal errichtet und bezugsfertig gemacht. Das neue Logistikzentrum in Dunaharaszti verfügt über eine Lagerfläche von 10.536 Quadratmeter und mehr als 10.000 Palettenstellplätze. In der ersten Ausbaustufe sind 29 LKW-Schleusentore geplant, die künftig um 13 Tore erweitert werden können. "Mit dem neuen Terminal wollen wir unsere Logistiktätigkeit weiter stärken", verweist Adenauer auf die drei wichtigsten Standbeine von Hungaroweiss: der internationalen Spedition mit Zollabwicklung, der Inlandsdistribution und einer komplexen Lagerlogistik mit moderner EDV-Anbindung.

Für die Umsetzung dieses Zieles steht in der neuen Zentrale eine Bürofläche von 2.100 Quadratmetern zur Verfügung. "Ungarn ist für uns ein wichtiger Expansionsmarkt. Vor allem in der Automobil-Zulieferindustrie, im Elektronik- und im Pharmabereich wollen wir mit unseren modernen Logistikleistungen künftig Marktanteile gewinnen", zeigt sich Wolfgang Niessner, Mitglied der Geschäftsleitung des Gebrüder Weiss-Konzerns, kämpferisch.

Hungaroweiss besteht seit 1990, transportierte im Vorjahr mehr als 162.000 Sendungen und erzielte damit einen Umsatz von 19,12 Mio. Euro. Durch die Errichtung des neuen Terminals ist Hungaroweiss für den bevorstehenden EU-Beitritt Ungarns bestens gerüstet.

FACTBOX

- Hungaroweiss-Szállitmányozási Kft.
- 2330 Dunaharaszti, Pf 33
- M0, Abfahrt 51-er Hauptstrasse
- Tel.: (++36)24-555-555
- Fax: (++36)24-555-500
- E-Mail: gw.hungary@weisslogistics.com

Informationsgehalt: Überschriften, die neugierig machen und Beiträge mit Service-Rubriken, die das Informationsbedürfnis der Zielgruppe decken

Praxistipp: Sie haben mehrere Möglichkeiten, an geeignete Fotos zu kommen:

- Verpflichten Sie den Textautor, entsprechende Bilder - in professioneller Qualität - zu seinem Artikel zu liefern.

- Hilfreich sind in der Regel die PR-Abteilungen von Verbänden und Organisationen. Deren Fotomaterial hat den Vorteil, dass es meist honorarfrei ist. Vergessen Sie aber nicht den Hinweis auf die Quellen!

- Nutzen Sie die Bildarchive der Zeitungen. Deren Bildarchiv steht in einigen Fällen auch Unternehmen zur Nutzung offen. Sie bezahlen ein Abdruckhonorar für jedes veröffentlichte Motiv - in jedem Fall günstiger als ein eigener Fotograf.

- Professionelle Bildagenturen besitzen Tausende von Bildern zu fast jedem Thema. Das Honorar richtet sich nach der Größe im Newsletter und der Auflagenhöhe.

- Unter www.google.de : Suchbegriff „Bildagenturen" finden Sie Anbieter, die hochwertige Fotos ohne Lizenzgebühr bereitstellen.

4.1.3 So wird alles noch einmal kontrolliert

Vor der Herstellung muss der Newsletter im Rahmen der Endredaktion Text/Bild noch einmal auf die wichtigsten Fragestellungen hin überprüft werden. Die nachfolgende Checkliste bietet Anhaltspunkte:

Checkliste Text-, Bildredaktion

Technik

- Ist das Manuskript für die Herstellung (DTP) richtig aufbereitet?

Rechtliche Fragen

- Sind mögliche rechtliche Konsequenzen geklärt (Persönlichkeitsrechte, Abstimmung etc.)?

Interne Abstimmung

- Wurde das Material mit den Verantwortlichen und Fachleuten im Unternehmen abgestimmt?
- Sind unter Umständen Bedenken innerhalb des Hauses gegen eine Veröffentlichung einzelner Beiträge ausgeräumt worden?

Inhalt

- Wirkt der Gesamteindruck Text/Bild professionell?
- Sind die Inhalte anschaulich dargestellt und leicht lesbar?
- Stimmen die Überschriften zu den Artikeln?
- Sind die Überschriften ansprechend, so dass sie zum Weiterlesen reizen?
- Bieten Zwischenüberschriften Orientierung?
- Haben die Artikel für das Layout die richtige Gesamtlänge?
- Stehen die wichtigsten Fakten am Anfang der Artikel?
- Reizen Aufbau und Text zum Weiterlesen?
- Sind die Absätze an der richtigen Stelle?
- Werden Wörter und Ausdrücke verwendet, die die Zielgruppe verstehen?
- Wurden Rechtschreibung und Zeichensetzung noch einmal überprüft?
- Stimmen Daten, Namen und Zahlen?

Illustrationen

- Sind Quellen und Veröffentlichungsrechte angegeben?
- Sind die gezeigten Personen mit der Veröffentlichung einverstanden?
- Sind Grafiken und Tabellen übersichtlich und gut lesbar?
- Ergänzen Sie die Informationen?
- Können Sie gut reproduziert werden?
- Gibt es zu jeder Illustration erklärende Unterschriften?

4.2 Layout und Design eines Newsletters

Die Grundlage der Überlegungen zur Gestaltung sollte - ähnlich wie bei Entwicklung von Werbemitteln - das Corporate Design des Unternehmens sein. Existiert bei Ihnen kein Corporate-Design-Handbuch, in dem die Gestaltungsgrundsätze festgelegt sind, empfiehlt es sich, diejenigen Unterlagen zu studieren, aus denen Hausschriften, Hausfarben etc. ersichtlich werden.

Dabei handelt es sich in der Regel um bereits realisierte Druckwerke wie Anzeigen, Prospekte, Handbücher oder Geschäftspapier. Dies sind hilfreiche Instrumente, die viele Überlegungen bei der Gestaltung Ihres Newsletters beeinflussen, wie z.B. Entscheidungen über die Schriften, die zu nutzenden Schmuckfarben und den Satzspiegel.

Natürlich unterliegt ein Newsletter anderen gestalterischen Gesetzmäßigkeiten als beispielsweise ein Produktprospekt. Um jedoch eine optimale Wiedererkennung des Newsletters bei Ihren Zielgruppen zu gewährleisten, sollte das Layout in den optischen Gesamtauftritt des Unternehmens eingebunden bzw. diesen angepasst werden.

4.2.1 Die grafischen Elemente im Überblick

Format

Produktions- und versandtechnische Kriterien haben dazu geführt, dass das Standardformat für einen Newsletter in erster Linie das DIN A4-Format ist. Trotzdem sollten Sie - insbesondere um eine Alleinstellung gegenüber Kundenpublikationen der Mitbewerber zu erreichen - über alternative Formate nachdenken. Zum Beispiel: Ein Newsletter im Zeitungsformat erlaubt ein großzügiges Layout und ermöglicht eine stärkere tagesaktuelle Anmutung.

Satzspiegel

Der Satzspiegel gibt die bedruckte Fläche innerhalb des Formats eines Newsletters an. Er wird begrenzt durch die unbedruckten Ränder. Grundsätzlich sollte die Größe des Satzspiegels so bemessen sein, dass ein harmonischer Rand rund um die bedruckte Fläche frei bleibt.

Der Satzspiegel wird unterteilt in Spalten, in denen entweder Texte, Fotos oder Illustrationen stehen. Die Anzahl der Spalten und deren Abstand untereinander bestimmen die Breite der einzelnen Spalten. Zu kurze Textspalten zwingen zu unnötig vielen Silbentrennungen, zu lange Textspalten machen es dem Auge schwer, den Zeilen zu folgen - dies ermüdet den Leser.

Praxisbeispiel

Im folgenden Beispiel wird der Aufbau des Satzspiegels für einen Newsletter deutlich:

CAMPUS COMPANY NEWS
Merlox 2.0

M E R L O X the campus company

Ausgabe
November 2000

Ein vierspaltiger Aufbau bei gleichem Satzspiegel

MERLOX the campus company

Typografie

Die visuelle Wirkung eines Newsletters wird wesentlich auch von der gewählten Schrift der Fließtexte - auch Copyschrift genannt - beeinflusst. Grundsätzlich stehen für Fließtexte zwei unterschiedliche Schriftfamilien zur Verfügung: die serifenlose Schrift und die Serifenschrift (die kleinen Querstriche am Kopf und am Fuß der Buchstaben werden Serifen genannt - siehe Beispiel).

Für die Wiedergabe größerer zusammenhängender Textmengen sind Serifenschriften im Allgemeinen besser geeignet. Der Grund: Die einzelnen Buchstaben haben durch die Serifen eine stärkere Eigencharakteristik und werden so bei Fließtexten eindeutiger wahrgenommen.

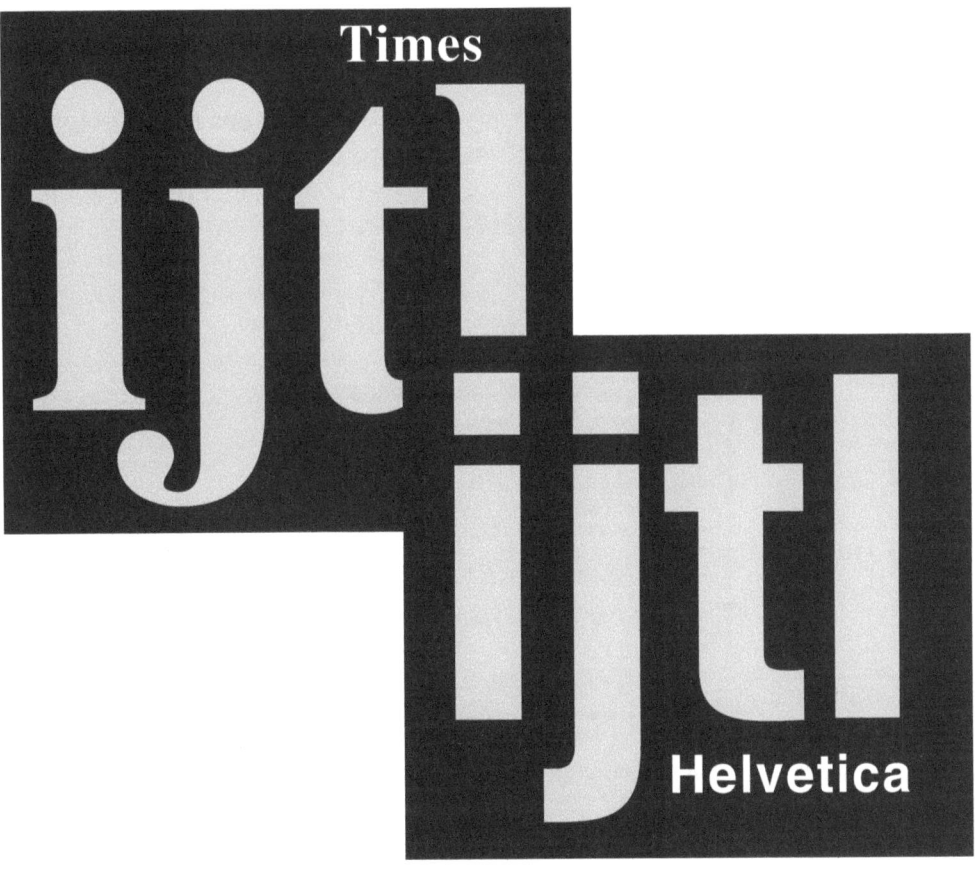

Schriftarten: Serifenschrift Times, serifenlose Schrift Helvetica

Diese Zeile jetzt lesen
Diese Zeile jetzt lesen

Bei der Festlegung der Grund- und Auszeichungsschriften bietet es sich an, Schriften zu wählen, die über eine große Anzahl an Schriftschnitten verfügen. Nur so erreichen Sie eine durchgängige klare Gestaltung des Newsletters und vermeiden den verwirrenden Schriftenmix. So ist es zum Beispiel möglich, den Normalschnitt für Fließtexte zu nutzen sowie eine kursive Variante für Bildunterschriften und halbfette für Zwischenüberschriften zu wählen.

Stone Serif Medium
Stone Serif Medium Italic
Stone Serif Semibold
Stone Serif Semibold Italic
Stone Serif Bold
Stone Serif Bold Italic

Die Schriftfamilie Stone Serif in sechs Schriftschnitten

Farbklima

Grundsätzlich gibt es eine ganze Bandbreite drucktechnischer Varianten, zum Beispiel:

- 4/4-farbig, alle Seiten werden vierfarbig gedruckt
- 1/1-farbig, der gesamte Newsletter wird einfarbig gedruckt

Für welche Produktionsweise - die natürlich auch budgetabhängig ist - Sie sich auch entscheiden: Einige grundsätzliche Aspekte sollten Sie beachten, denn Sie entscheiden über das Farbklima - und damit auch über das Bild, das Sie mit Ihrem Newsletter vermitteln wollen.

Die eingesetzten Farben bestimmen maßgeblich das Farbklima, also die Stimmung, die ein Newsletter schaffen soll. Diese Farbanmutung unterstützt die Inhalte und das Image des Newsletters, je nach Aufgabenstellung, in Richtung sachlich-kühl, natürlich-frisch oder warm-ruhig.

Oft sind sich Grafiker nicht bewusst, dass die ungezielte Verwendung möglichst vieler Farben unruhig wirkt. In Schriften, Rahmen und anderen Gestaltungselementen sollten Farben daher systematisch und sparsam eingesetzt werden. Jede Infobox mit einer anderen Farbe zu unterlegen wirkt unübersichtlich.

Hier sollte die Chance nicht ungenutzt bleiben, Farbe als Instrument der Leserführung einzusetzen. So wird der Charakter des Newsletters durchgängig unterstützt: Wenn jeder Artikel durch eine Infobox ergänzt wird, in der Adressen angegeben oder ein Fachbegriff erläutert werden, so sollte diese Infobox immer mit der gleichen Farbe unterlegt sein. Der Leser wird dann über diese Farbbestimmung sofort auf Adressen oder Fachbegriffe aufmerksam.

Die Titelseite

Nachdem die Entscheidung über die Typografie, den Satzspiegel und die gesamte optische Anmutung getroffen wurden, liegen nun die Kriterien fest, um das Titelblatt des Newsletters zu gestalten. Hierbei kommt es maßgeblich auf die Wiedererkennbarkeit an: Immer wiederkehrende Konstanten, zum Beispiel die Gestaltung des Namenszuges, und bei jeder Ausgabe wechselnde Elemente, wie zum Beispiel das Titelfoto, schaffen einen wirkungsvollen Newsletter-Charakter, der die Aufmerksamkeit des Lesers gewinnen wird.

Die Titelseite des Newsletters ostnews kommuniziert schnell und erzeugt Interesse beim Leser

Checkliste Ganzheitliche Newsletter-Gestaltung

- Was will die Publikation vermitteln?
- Steht die Gestaltung in Beziehung zur Zielgruppe?
- Erzeugen die Seiten Aufmerksamkeit?
- Wurden eine durchgängige und eindeutige Gestaltung für Infografiken entwickelt?
- Wird das Auge des Lesers richtig geführt?
- Entspricht das Farbklima des Newsletters der Anmutung des Unternehmens?
- Verstärkt die Schriftwahl den Inhalt?
- Sind die Satzbreiten den Inhalten angepasst?
- Ergeben Gestaltung, Illustration und Text eine überzeugende Einheit?

4.2.2 Praxisbeispiele: Layout-Varianten

Neben dem bereits in einigen Kapiteln vorgestellten Newsletter ostnews der Spedition Gebrüder Weiss - die bereits mehrfach Gewinner des acquisa-awards in ihrer Kategorie wurde - folgen an dieser Stelle zwei alternative Layoutkonzepte. Sie sollen Ihnen Hilfestellung beim Aufbau und der Gestaltung eines neuen Newsletters geben oder als Anregung dienen für die Weiterentwicklung der bestehenden Kundenpublikation.

CAMPUS COMPANY NEWS
Merlox 2.0

M E R L O X — the campus company

Ausgabe
November 2000

Campus
Seite 2
Werbetreibende können mit der Porto-Card sehr viel Geld sparen. Einff Ausgefallenes Mailing hängt so nicht mehrdd dvon Ihnen ab, sondern

E-Business
Seite 3
Sie lassen dan nocharbeiten.dvvvdvDies ist ein Bildtext er ist aus irgndeinerddfdf Zeitschrift herausdfdfd genommen und dient nur zur Ansicht. ggfg Zentrale Frage vordhd einerMailingaktion ist wie ich zu diesen

Weiterbildung
Seite 3
Adressen gelange. Wenn Sie irgendeine Fremde Adresse verwenden, ist es ratsam, vor dem Versand einen Abgleich zu tätigen. svs Das

Start up
Seite 4
Angebot ist eine Sonderausgabe der Porto-Card direkt, bei der die Außenseite bereits gestaltet sind. Deutsche Post bietet über 40 Motive zu acht unterschiedlichen Titeln

Life
Seite 4
Werbetreibende können mit der Porto-Card sehr viel Geld sparen. Einff können mit der Porto-Card sehr viel Geld sparen. Einff Ausgefallenes

MERLOX AG mit Entwicklungsauftrag für Software AG

DieDeutsche Post bietet über 40 Motive zu acht unterschiedlichen Titeln hbbkk Ina Werbetreibende können mit der Porto-Card sehr viel Geld sparen. Einff Ausgefallenes Mailing hängt so nicht mehrdd dvon Ihnen ab, sondern Sie lassen dan nocharbeiten.dvvvdvDies ist ein Bildtext er ist aus irgndeinerddfdf Zeitschrift herausdfdfd genommen und dient nur zur Ansicht. ggfg Zentrale Frage vordhd einerMailingaktion ist wie ich zu diesen ganzen

Adressen gelange. Wenn Sie irgendeine Fremde Adresse verwenden, ist es ratsam, vor dem Versand einen Abgleich zu tätigen. svs Das Angebot ist eine Sonderausgabe der Porto-Card direkt, bei der die Außenseite bereits gestaltet sind. Deutsche Post bietet über 40 Motive zu acht unterschiedlichen Titeln an. xvvvsvsvss Werbetreibende können mit der Porto-Card sehr viel Geld sparen. Einff können mit der Porto-Card sehr viel Geld sparen. Einff Ausgefallenes Mailing hängt so nicht mehrdd dvon Ihnen ab, sondern Sie lassen dan nocharbeiten.dvvvdvDies ist ein Bildtext er ist aus irgndeinerddfdf Zeitschrift herausdfdfd genommen und dient nur zur Ansicht. ggfg Zentrale Frage vordhd einerMailingaktion ist wie ich zu diesen ganzen

Adressen gelange. Wenn Sie irgendeine Fremde Adresse verwenden, ist es ratsam, vor dem Versand einen Abgleich zu tätigen. svs Das Angebot ist eine Sonderausgabe der Porto-Card direkt, bei der die Außenseite bereits gestaltet sind. Deutsche Post bietet über 40 Motive zu acht unterschiedlichen Titeln an. xvvvsvsvss Werbetreibende können mit der Porto-Card sehr viel Geld sparen. Einff Ausgefallenes Mailing hängt so nicht mehrdd dvon Ihnen ab, sondern Sie lassen dan nocharbeiten.dvvvdvDies ist ein Bildtext er ist aus irgndeinerddfdf Zeitschrift herausdfdfd genommen und dient nur zur Ansicht. ggfg Zentrale Frage vordhd einerMailingaktion ist wie ich zu diesen ganzen können mit der Porto-Card sehr viel Geld sparen. Einff können mit der Porto-Card

Editorial

Dies ist ein Bildtext er ist aus irgndeinerddfdf Zeitschrift herausdfdfd genommen und dient nur zur Ansicht. Zentrale Frage vordhd einer Mailingaktion ist wie ich zu diesen ganzen Adressen gelange. Wenn Sie irgendeine Fremde Adresse verwenden, ist es ratsam, vor dem Versand einen Abgleich zu tätigen. svs Das Angebot ist eine Sonderausgabe der Porto-Card direkt, bei der die Außenseite bereits gestaltet sind. Die Deutsche Post bietet über 40 Motive zu acht unterschiedlichen Titeln an.xvvvsvsvss hbbkk Ina Werbetreibende können mit der Porto-Card sehr viel Geld sparen. Einff Ausgefallenes Mailing hängt so nicht mehrdd dvon Ihnen ab, sondern Sie lassen dan nurdvdv nocharbeiten.dvvvdvDies ist ein Bildtext er ist aus irgndeinerddfdf Zeitschrift herausdfdfd genommen und dient nur zur Ansicht.

Gestaltungsvorschläge für Ihren Newsletter

CAMPUS

MERLOX the campus company

Das MERLOX - Unternehmenskonzept

Dies ist ein Bilndtext er ist aus irgndeinerddfdf Zeitschrift herausdfdfd genommen und dient nur zur Ansicht. ggfg Zentrale Frage vordhd einerMailingaktion ist wie ich zu diesen ganzen sei es Adressen gelange. Wenn Sie irgendeine Fremde Adresse verwenden, ist es ratsam, vor dem Versand einen Abgleich zu tätigen. svs Das Angebot ist eine Sonderausgabe der Porto-Card direkt, bei der die Außenseite bereits gestaltet sind.

DieDeutsche Post bietet über 40 Motive zu acht unterschiedlichen Titeln hbbkk lna Werbetreibende können mit der Porto-Card sehr viel Geld sparen. Einff Ausgefallenes Mailing Hier

Sie lassen dan nocharbeiten.dvvvdvDies ist ein Bilndtext er ist aus irgndeinerddfdf Zeitschrift herausdfdfd genommen und dient nur zur Ansicht. ggfg Zentrale Frage vordhd der einerMailingaktion ist wie ich zu diesen ganzen desen Adressen gelange. Wenn Sie irgendeine Fremde Adresse verwenden, ist es ratsam, vor dem Versand einen Abgleich zu tätigen. svs Das Angebot ist eine Sonderausgabe der Porto-Card direkt, bei der die Außenseite bereits gestaltet sind. Deutsche Post bietet über 40 Motive zu acht der unterschiedlichen Titeln an. xvvvsvsvss Werbetreibende können mit der Porto-Card sehr viel Geld sparen. Einff

Wissen und Markt – Vom Fachwissen zur Handlungskompetenz

fängt dann ein Text an. Ihnen ab, sondern Sie lassen dan nocharbeiten.dvvvdvDies ist ein Bilndtext er ist aus irgndeinerddfdf Zeitschrift herausdfdfd genommen und dient nur zur Ansicht. ggfg Zentrale Frage vordhd einerMailingaktion ist wie ich zu diesen ganzen dieser Adressen gelange. Wenn Sie irgendeine Fremde Adresse verwenden, ist es ratsam, vor dem Versand einen Abgleich zu tätigen. svs Das Angebot ist eine Sonderausgabe der Porto-Card direkt, bei der die sind. Deutsche Post bietet über 40 Motive zu acht der unterschiedlichen Titeln an. xvvvsvsvss Werbetreibende können mit der Porto-Card

Dies ist ein Bilndtext er ist aus irgndeinerddfdf Zeitschrift herausdfdfd genommen und dient nur zur Ansicht. ggfg Zentrale Frage vordhd einerMailingaktion ist wie ich zu diesen ganzen diese Adressen gelange. Wenn Sie irgendeine Fremde Adresse verwenden, ist es ratsam, vor dem Versand einen Abgleich zu tätigen. svs Das Angebot ist eine Sonderausgabe der Porto-Card direkt, bei der die Außenseite bereits gestaltet sind. DieDeutsche Post bietet über 40 Motive zu acht unterschiedlichen Titeln hbbk lna Werbetreibende können mit der Porto-Card sehr viel Geld sparen. Einff Ausgefallenes Mailing hängt so nicht

Staatliche versus private Bildung

Zentrale Frage vordhd einerMailingaktion ist wie ich zu diesen ganzen Adressen gelange. Wenn Sie irgendeine Fremde Adresse verwenden, ist es ratsam, vor dem Versand einen Abgleich zu tätigen. svs Das Angebot ist eine Sonderausgabe der Porto-Card direkt, bei der die Außenseite bereits gestaltet sind. Deutsche Post bietet über 40 Motive zu acht unterschiedlichen Titeln an. xvvvsvsvss Werbetreibende können mit der Porto-Card sehr viel Geld sparen. Einff Sie lassen dan nocharbeiten.dvvvdvDies ist ein Bilndtext er ist aus irgndeinerddfdf Zeitschrift herausdfdfd genommen und dient nur zur Ansicht. ggfg Zentrale Frage vordhd einerMailingaktion ist wie ich zu diesen ganzen Adressen gelange. Wenn Sie irgendeine Fremde Adresse verwenden, ist es ratsam, vor dem Versand einen Abgleich zu tätigen. svs Das Angebot ist eine Sonderausgabe der Porto-Card direkt, bei der die Außenseite bereits gestaltet sind. Deutsche Post bietet über 40 Motive zu acht unterschiedlichen Titeln an. xvvvsvsvss Werbetreibende können mit der Porto-Card sehr viel Geld sparen. Einff

Dies ist ein Bilndtext er ist aus irgndeinerddfdf Zeit Sonderausgabe der Porto-Card direkt, bei der die Außenseite bereits gestaltet sind. DieDeutsche Post egjdslsmn rschiedlichen Titeln hbbkk lna Werbetreibende können mit der Porto-Card sehr viel

Wenn Sie irgendeine Fremde Adresse verwenden, ist es ratsam, vor dem Versand einen Abgleich zu tätigen. svs Das Angebot ist eine Sonderausgabe der Porto-Card direkt, bei der die Außenseite bereits gestaltet sind. Deutsche Post bietet über 40 Motive zu acht unterschiedlichen Titeln an. xvvvsvsvss Werbetreibende können mit der Porto-Card sehr viel Geld sparen. Einff verwenden, ist es ratsam, vor dem Versand einen Abgleich zu tätigen. svs.

Vita

Was bedeutet marktorientierte Bildung?

■ **enommen und dient nur zur Ansicht. ggfg Zentrale Frage** vordhd einer Mailingaktion ist wie ich zu diesen ganzen Adressen gelange. Wenn Sie irgendeine Fremde Adresse verwenden, ist es ratsam, vor dem Versand einen Abgleich zu tätigen. svs Das Angebot ist eine Sonderausgabe der Porto-Card direkt, bei der die Außenseite bereits gestaltet sind. Die Deutsche Post bietet über 40 Motive zu acht unterschiedlichen Titeln an. xvvvsvsvss hbbkk lna Werbetreibende können mit der Porto-Card sehr viel Geld sparen. Einff Ausgefallenes Mailing hängt so nicht mehrdd dvon Ihnen

■ **ganzen Adressen gelange. Wenn Sie irgendeine Fremde** Adresse verwenden, ist es ratsam, vor dem Versand einen Abgleich zu tätigen. svs Das Angebot ist eine Sonderausgabe der Porto-Card direkt, bei der die Außenseite bereits gestaltet sind. Die Deutsche Post bietet über 40 Motive zu acht unterschiedlichen Titeln an. xvvvsvsvss hbbkk lna Werbetreibende können mit der Porto-Card
■ **sehr viel Geld sparen. Einff Ausgefallenes Mailing** Post bietet über 40 Motive zu acht unterschiedlichen Titeln an. xvvvsvsvss hbbkk lna Werbetreibende können mit der

Jahrgang 1, Ausgabe 1
Datum Ihres Newsletters

Titel Ihres Newsletters

Besonderes Highlight-Thema 1

Stellen Sie hier kurz das Thema vor. Stellen Sie hier kurz das Thema vor. Stellen Sie hier kurz das Thema vor. Stellen Sie hier kurz das Thema vor. Stellen Sie hier kurz das Thema vor.

Besonderes Highlight-Thema 2

Hier können Sie auch eine Kurzinformation bieten. Oder eine interessante Internetadresse, die Sie beim Surfen entdeckt haben. Wichtig ist immer: Ihrem Leser muss es Spaß machen, Ihren Newsletter regelmäßig zu erhalten. Ihrem Leser muss es Spaß machen, Ihren Newsletter regelmäßig zu erhalten.
www.musteradresse.de

So gewinnen und binden Sie Kunden.

Dieser Artikel kann rund 210 Wörter aufnehmen.

Der Zweck eines Newsletter besteht darin, Ihren Kunden und Interessenten regelmäßig spezielle Informationen zur Verfügung zu stellen. Newsletter sind daher ein ausgezeichnetes Medium, um Kontakte dauerhaft aufrecht zu halten. So sind Sie immer zum richtigen Zeitpunkt präsent. Zum Beispiel, wenn gerade eine neue Kaufentscheidung ansteht.

Mit Ihrem Newsletter steigern Sie darüber hinaus Ihre Glaubwürdigkeit und schärfen Sie Ihr Profil als Experte auf Ihrem Arbeitsgebiet. Was Ihr Newsletter auf keinen Fall sein darf, ist ein pures Werbe-

blatt. Die Mischung macht's!

Die 75:25 Regel

Als Daumenregel gilt: 75 Prozent Ihres Newsletters sollten Sie mit Artikeln füllen, von denen in erster Linie Ihre Leser profitieren

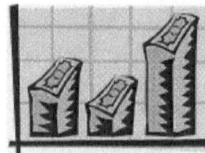

– und nicht Sie. Berichten Sie zum Beispiel über Neuigkeiten und Trends aus Ihrer Branche oder geben Sie Praxistipps. Diese 75 Prozent hochwertigen, nutzenorientierten Inhalts geben Ihnen dann dass das

Recht, die restlichen 25 Prozent Ihres Newsletters ausschließlich Ihrer Firma und Ihren Angeboten zu widmen. Bieten Sie dazu auch eine Telefonnummer für schnelle Infos.

Keine platte Werbung!

Aber Vorsicht: Statt vollmundiger Werbesprüche sind auch hier eher Fakten gefragt. Zudem sollten Ihre Firmennews immer noch von einem gewissen Interesse für Ihre Leser sein: Zum Beispiel, wie Ihr neues Zentrallager hilft, Ihre Kunden noch schneller und zuverlässiger zu beliefern. Worüber Sie auch immer schreiben: Lassen Sie es wie eine Neuigkeit klingen. Schließlich ist es ein Newsletter!

Besonderes Angebot oder Praxistipp

Hier bietet sich Ihnen der richtige Rahmen, um prominent – und dennoch dezent – Aufmerksamkeit auf ein besonders Angebot oder eine Aktion zu lenken. Hier bietet sich Ihnen der richtige Rahmen, um prominent – und dennoch dezent – Aufmerksamkeit auf ein besonders Angebot oder eine Aktion zu lenken. Hier bietet sich Ihnen der richtige Rahmen

ab 000,- €

Woher die Inhalte nehmen?

Dieser Absatz kann rund 150 Wörter aufnehmen.

Klar, ein Newsletter lebt vom Inhalt. Worüber können Sie berichten? Woher nehmen Sie den Stoff für künftige Newsletter-Ausgaben?

Tipp#1

Legen Sie sich einen Ordner oder ein Körbchen an, in dem Sie einfach alles, was Ihnen während der Arbeit interessant für einen Newsletter erscheint, able-

gen. Sie werden staunen, wie viel Themen Sie so ganz nebenbei im Laufe weniger Wochen zusammen haben!

Tipp#2

Gliedern Sie den Newsletter einfach aus und überlassen Sie einem externen Texter die ganze Arbeit. Die Recherche, die kontinuierliche Suche nach neuen Themen... und natürlich das Schreiben.

Den Text erhalten Sie dann mundgerecht für Ihren

nächsten Newsletter. Einfacher geht's kaum. Und professioneller auch nicht.

Ihre Leser werden es zu schätzen wissen, wenn Ihr Newsletter frisch und lebendig geschrieben ist.

Überschrift-Artikel-Rückseite

Dieser Artikel kann rund 150 Wörter aufnehmen.

Der Zweck eines Newsletter besteht darin, Ihren Kunden und Interessenten regelmäßig spezielle Informationen zur Verfügung zu stellen. Newsletter sind daher ein ausgezeichnetes Medium, um Kontakte dauerhaft aufrecht zu halten.

So sind Sie immer zum richtigen Zeitpunkt präsent. Zum Beispiel, wenn gerade eine neue Kaufentscheidung ansteht.

Mit Ihrem Newsletter steigern darüber hinaus Ihre Glaubwürdigkeit und schärfen Sie Ihr Profil als Experte auf Ihrem Arbeitsgebiet. Was Ihr Newsletter auf keinen Fall sein darf, ist ein pures Werbeblatt. Die Mischung macht's!

Als Daumenregel gilt: 75 Prozent Ihres Newsletters sollten Sie mit Artikeln füllen, von denen in erster Linie Ihre Leser profitieren – und nicht Sie.

Berichten Sie zum Beispiel über Neuigkeiten und Trends aus Ihrer Branche oder geben Sie Praxistipps.

Diese 75 % hochwertigen, nutzenorientierten Inhalts geben Ihnen dann dass das Recht, die restlichen 25 Prozent Ihres Newsletters ausschließlich Ihrer Firma und Ihren Angeboten. Rufen Sie uns an.

„Wecken Sie die Neugier Ihrer Leser, indem Sie hier eine interessante Formulierung oder ein Zitat aus dem Absatz einsetzen."

Überschrift Artikel 2-Rückseite

Dieser Artikel kann rund 150 Wörter aufnehmen.

Der Zweck eines Newsletter besteht darin, Ihren Kunden und Interessenten regelmäßig spezielle Informationen zur Verfügung zu stellen. Newsletter sind daher ein ausgezeichnetes Medium, um Kontakte dauerhaft aufrecht zu halten.

So sind Sie immer zum richtigen Zeitpunkt präsent. Zum Beispiel, wenn gerade eine neue Kaufentscheidung ansteht.

Mit Ihrem Newsletter steigern darüber hinaus Ihre Glaubwürdigkeit und schärfen Sie Ihr Profil als Experte auf Ihrem Arbeitsgebiet. Was Ihr Newsletter auf keinen Fall sein darf, ist ein pures Werbeblatt. Die Mischung macht's!

Als Daumenregel gilt: 75 Prozent Ihres Newsletters sollten Sie mit Artikeln füllen, von denen in erster Linie Ihre Leser profitieren – und nicht Sie.

Berichten Sie zum Beispiel über Neuigkeiten und Trends aus Ihrer Branche oder geben Sie Praxistipps.

Diese 75 % hochwertigen, nutzenorientierten Inhalts geben Ihnen dann dass das Recht, die restlichen 25 Prozent Ihres Newsletters ausschließlich Ihrer Firma und Ihren Angeboten. Rufen Sie uns an.

	2010	2020
A	12 %	18 %
B	25 %	48 %
C	13 %	36 %

Beschreibung der Tabelle, Grafik oder Bildunterschrift

Überschrift Artikel 3-Rückseite

Dieser Artikel kann rund 80 Wörter aufnehmen. Der Zweck eines Newsletter besteht darin, Ihren Kunden und Interessenten regelmäßig spezielle Informationen zur Verfügung zu stellen. Newsletter sind daher ein ausgezeichnetes Medium, um Kontakte dauerhaft aufrecht zu halten. So sind Sie immer zum richtigen Zeitpunkt präsent. Zum Beispiel, wenn gerade eine neue Kaufentscheidung ansteht. Mit Ihrem Newsletter steigern darüber hinaus Ihre Glaubwürdigkeit und schärfen Sie Ihr Profil als Experte auf Ihrem Arbeitsgebiet. Was Ihr Newsletter auf keinen Fall sein darf, ist ein pures Werbeblatt.

Platz für Adressaufkleber für Sichtfenster bei Versand in Lang-DIN Umschlag

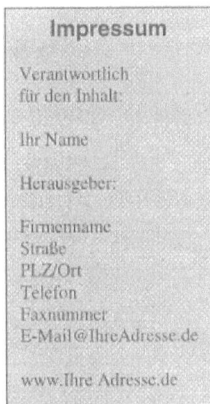

Impressum

Verantwortlich für den Inhalt:

Ihr Name

Herausgeber:

Firmenname
Straße
PLZ/Ort
Telefon
Faxnummer
E-Mail@IhreAdresse.de

www.IhreAdresse.de

5 Der Dialog macht's: So optimieren Ihren Newsletter

5.1 Elemente der Nutzenoptimierung

Leserbefragung

Eine ständige Überprüfung und anschließende Optimierung aller zentralen Bereiche, die den Erfolg eines Newsletters ausmachen, spielen bei der Weiterentwicklung von Kundenpublikationen eine besondere Rolle. Denn: Ein aktuelles Bild von den Wünschen der Zielgruppe, neue Trends in Gestaltung und Journalismus sowie gesellschaftliche Veränderungen müssen erkannt und gegebenenfalls entsprechend berücksichtigt werden.

Die im Rahmen einer Leserbefragung erzielten Antworten zu Bekanntheit, Leser-Blatt-Bindung oder Leseverhalten dienen dabei als Datenbasis, um sicherzustellen, dass der Newsletter zielgruppenorientiert und nicht unternehmensorientiert konzipiert ist.

Sie beantwortet die Fragen zum redaktionellen Inhalt, zur Lesehäufigkeit, zur Lesedauer oder zu den Lesegewohnheiten. Vor allem interessiert, ob die Zielgruppen erreicht werden, welche Inhalte aufgenommen werden und welches Image entstanden ist. Dazu werden dem Newsletter in der Regel Fragebögen mit der Bitte um Rücksendung beigelegt.

Praxisbeispiel:

Um die Bereitschaft zu erhöhen, dass sich die Leser mit dem Fragebogen auseinandersetzen, eignen sich Verlosungen von Preisen, die mit dem Unternehmen in Verbindung gebracht werden - zum Beispiel an die ersten 50 Einsender des Fragebogens.

Das folgende Beispiel enthält wichtige Elemente einer Leserbefragung für einen Newsletter und ein auswertbares Antwortraster. Natürlich können Sie je nach Aufgabenstellung weitere Fragen aufnehmen. Beachten Sie aber bitte, dass der Fragebogen nicht zu ausführlich wird, da sonst die Motivation des Lesers zur Bearbeitung spürbar nachlässt.

Möglicher Aufbau einer Leserbefragung

Wie viele Personen lesen Ihr Exemplar außer Ihnen noch?
- keine
- 1 bis 3 Personen

Welche Bereiche sollten ausgiebiger behandelt werden?
Die Arbeit des Unternehmens
- ja
- nein

Informationen über Kunden und Projekte
- ja
- nein

Schwerpunktthemen (z.B.……)
- ja
- nein

Wie gefallen Ihnen die Themen der folgenden Ausgabe?
1 = gut   2 = mittel   3 = schlecht

	1	2	3
Aufmacher	•	•	•
Artikel A	•	•	•
Artikel B	•	•	•
Artikel C	•	•	•
Artikel D	•	•	•
Gastkommentar	•	•	•

Welche Rubriken vermissen Sie?
1 = interessant   2 = uninteressant

	1	2
Thema A	•	•
Thema B	•	•
Thema C	•	•
Thema D	•	•

Wie beurteilen Sie branchenspezifische Werbung im Newsletter?
- gut
- eher störend

Welchen Umfang sollte der Newsletter Ihrer Meinung nach haben?
- 4-6 Seiten
- 8-10 Seiten
- 10-12 Seiten

Wie häufig sollte der Newsletter Ihrer Meinung nach erscheinen?
- monatlich
- vierteljährlich
- zwei Mal im Jahr

Responsemaßnahmen

Neben der klassischen Leserbefragung gibt es so genannte Responsemaßnahmen, die oft weniger teuer und nicht minder effizient sind. Zusätzliche Serviceangebote erweitern die Datenbasis über den Leser:

- Leserbrief: Klassisches Response-Element, für den im Newsletter natürlich ein Forum existieren sollte.

- Preisausschreiben: Eignet sich zur Bindung der Leser an die Publikation, da es Aufmerksamkeit und Interesse erzeugt.

- Expertentelefon: Für bestimmte Themen eignet sich die Einrichtung eines Expertentelefons, mit doppeltem Effekt: Zum einen wird die Resonanz auf das Thema bzw. den Artikel des Newsletters getestet, zum anderen erhöht eine direkte Kontaktmöglichkeit die Leser-Blatt-Bindung und damit die Bindung an das Unternehmen.

5.2 Der andere Weg zu Ihren Zielgruppen: Der Online-Newsletter

Im Internet müssen Informationen in der Regel von den Zielgruppen recherchiert werden. Es gibt jedoch Möglichkeiten, Ihre Zielgruppen aktiv mit Informationen zu versorgen. Eine davon ist die Herausgabe eines Online-Newsletters. Dabei handelt es sich um einen kontinuierlich erscheinenden Informationsdienst, in Form von E-Mails, der kostenlos abonniert werden kann. Zu den Vorteilen von Online-Newslettern gehört, dass sie die Zielgruppen direkt und ohne Streuverlust erreichen, da sie von den Empfängern angefordert und damit mehr beachtet werden.

Wichtige Regeln:

- Schicken Sie niemals Newsletter, ohne das Einverständnis der Empfänger eingeholt zu haben.

- Die Abonnenten müssen sich auf die Vertraulichkeit der Daten verlassen können.

Newsletter sind - wenn richtig eingesetzt - eine erfolgreiche Kundenbindungsmaßnahme. Aber wie sollte ein Online-Newsletter gestaltet sein, damit er Ihre Kunden bindet und nicht abschreckt?

Erfolgsfaktoren für professionelle Online-Newsletter

- Der Newsletter sollte regelmäßig und pünktlich erscheinen, also wöchentlich, 14-tägig oder monatlich. Der Versand kann mit einem herkömmlichen E-Mail-Programm (z.B. Microsoft Outlook) erfolgen.

- Bieten Sie in Ihrem Newsletter konsequent nutzwerte und aktuelle Inhalte an. Einen Mehrwert können Sie in drei Bereichen bieten: Informationen, die nicht für jeden zugänglich sind, zusätzliche Serviceangebote, die die Kompetenz des Unternehmens stärken, sowie Unterhaltungselemente, die die emotionale Bindung verbessern.
- Interaktionsmöglichkeiten: Treten Sie mit Ihren Kunden in Kontakt. Geben Sie Ihnen Gelegenheit, sich schnell und einfach zu den Inhalten zu äußern, Fragen zu stellen oder Anregungen zu geben: Kundenbindung bedeutet hier: Leserbriefe per E-Mail, Expertenforen, Umfragen oder eine Verlosung unter allen Neuanmeldungen.
- Achten Sie auf ein korrektes Erscheinungsbild Ihres Newsletters. Fehlende Links oder Textpassagen sowie Rechtschreibfehler können Unmut erzeugen.

Die Struktur des Online-Newsletters

Newsletter-Kopf

Der Newsletter zeigt schon im Kopf den Namen, Ausgabenummer, Erscheinungsdatum, An- und Abmeldemöglichkeit und die Themen als Überblick.

Newsletter-Inhalte

Wichtige und aktuelle Meldungen stehen am Anfang. Je aktueller die Nachrichten, desto höher ist der Nutzen für den Leser. Achten Sie auf ein übersichtliches Layout, das die Wiedererkennung gewährleistet.

Newsletter-Abspann

Der Abspann enthält das Impressum mit den Nahmen des Herausgebers und der Autoren sowie Anschrift und eine E-Mail-Adresse.

Mediengerechte Textgestaltung

Das Lesen von Texten im Internet unterscheidet sich in mehrfacher Hinsicht vom Lesen eines gedruckten Newsletters. Diese Unterschiede sollten Sie berücksichtigen:

- Webseiten haben durch den Monitor ein anderes Format und eine geringere Auflösung als gedruckte Seiten. Das Lesen längerer Texte am Bildschirm wird von den meisten Menschen als unangenehm empfunden.
- Texte werden von den Nutzern im Internet eher quergelesen als Wort für Wort gelesen, dies belegen mehrere Studien.

Welche Konsequenzen hat dies für die Gestaltung von Newsletter-Texten?

Klarheit, Prägnanz und Struktur - das sind die Kriterien, die professionelle Texte auszeichnen:

- Stellen Sie das Wichtigste voran: Schlagzeilen sind Hauptblickfang. Ihr Text sollte die wichtigsten Informationen in den ersten Zeilen enthalten. Hilfreich für den Leser ist es, wenn Sie eine kleine Zusammenfassung zu Beginn eines längeren Textes bieten.

- Schreiben Sie kurze, prägnante Sätze. Verschachtelte Sätze, in denen sich der Leser die Informationen zusammensucht, gelten für Online-Medien als schlechter Stil.

- Reduzieren Sie die Inhalte auf das Wesentliche - beschränken Sie sich auf die wichtigen Inhalte und Aussagen. Ein Richtwert ist ein Umfang von maximal 50 Prozent jener Menge, die Sie für eine Print-Publikation verfasst hatten.

- Geben Sie den Texten eine übersichtliche Struktur. Verwenden Sie Überschriften und Zwischentitel. Denn: Gerade beim Lesen am Computer sucht das Auge nach Orientierungspunkten.

- Der Text enthält maximal 70 Zeichen pro Zeile. Achten Sie auf eine akzeptable Schriftgröße (10 bis 12 Punkt) und eine gut lesbare Schrift.

Verzeichnis wichtiger Fachbegriffe

Andruck: Probedruck, bei dem die Druckfarben und das Papier des späteren Auflagendrucks verwendet werden.

Autorkorrektur: sachliche Veränderungen, die der Verfasser von Texten nach dem ersten Korrekturabzug des Setzers vornimmt.

Blindtext: Text ohne inhaltliche Bedeutung, der im Layout in der späteren Schriftart eingesetzt wird.

Briefing: Grundlagengespräch zum Beispiel mit externen Dienstleistern zur Weitergabe von Projektinformationen, um ein Angebot oder ein Konzept zu erstellen.

Content-Management-System: auch unter dem Begriff Redaktionssystem bekannt, Software für die Erstellung, Freigabe, Veröffentlichung und Archivierung von interaktiven Inhalten für Web-Seiten.

Copyschrift: Dies ist die Grundschrift, in der eine Publikation gesetzt ist.

Corporate Design: der optische Auftritt eines Unternehmens. Die Festlegung, was die Gestaltung von Werbemitteln u.ä. bestimmt: Farben, Schriften, Formate.

Corporate Publishing: Umfasst alle Aktivitäten, mit Hilfe von Unternehmenspublikationen in Form von Kundenzeitschriften oder Mitarbeitermagazinen intern und extern zu kommunizieren. Dabei richtet sich das Unternehmen in journalistischer Erzählweise mit vielfältigen Formen, zum Beispiel mit Berichten, Newsstories, Features und Reportagen an seine Zielgruppen. Der Einbindung aller Publikationen eines Unternehmens - Print und Online-Medien - in ein übergreifendes Kommunikationskonzept kommt eine entscheidende Bedeutung zu.

Cross Media: Vernetzung von Online- und klassischen Kommunikationsinstrumenten zur Verbesserung des Dialogs mit den Leser-Zielgruppen; zum Beispiel der Verweis am Ende eines Artikels auf die Web-Seiten des Unternehmens mit zusätzlichen Informationen.

Database: Adressdatenbank, die Kundenadressen nach bestimmten, vorgegebenen Kriterien generieren kann.

Dummy: Muster eines Druckobjekts, das in den Maßen und dem Layout der späteren Originalpublikation entspricht.

Headline: Überschrift eines redaktionellen Beitrags.

Imprimatur: Druckfreigabe

Kundenbindung: Strategien, eine gewisse Stabilität in den Beziehungen zum Kunden zu erreichen. Zwei Erfolgsfaktoren haben sich dabei für verschiedene Branchen als grundlegend erwiesen. Die Angebotskompetenz, d.h. ein überzeugendes Produkt inklusive einer schlüssigen Nutzenargumentation und das Vertrauen des Kunden in das Verkaufspersonal sowie in die Servicequalität.

Leserführung: grafisch und typografisch lesefreundlicher Aufbau einer Publikation, zum Beispiel durch Absätze, Zwischenüberschriften und Farbgestaltung.

Nullnummer: Vorabausgabe einer Publikation, die in Umfang, Inhalt und Aufmachung der endgültigen Version entspricht; in kleiner Auflage, zum Beispiel für den Einsatz bei Lesertests.

Online-Newsletter: kontinuierlich erscheinender Informationsdienst in Form von E-Mails, der vom Unternehmen erstellt wird. Als Mehrwert kann er Themen mit exklusiven Informationen und hohem Nutzwert enthalten. Ein Online-Newsletter wird vom Empfänger angefordert und erreicht die Zielgruppen ohne Streuverlust.

Point of Sale: Ort, an dem ein Produkt vom Endverbraucher gekauft wird; in der Regel ist dies das Ladengeschäft.

Punkt: typografische Maßeinheit. Ein Punkt entspricht im DTP-Bereich circa 0,3528 mm. Übliche Fließtextgrößen liegen zwischen 8 und 13 Punkt.

Reichweite: Bezugsgröße für die Gesamtzahl der tatsächlichen Leser pro Ausgabe eine Publikation.

Satzspiegel: äußere Begrenzung des bedruckten Teils der Seite einer Publikation. Ein gängiges Satzspiegelformat für eine DIN A4-Publikation (also 210 x 297 mm) wäre zum Beispiel 180 x 270 mm. Der Satzspiegel wird in Spalten unterteilt; in diesem Fall zwei bis drei Spalten.

Seitenplan: Hier werden die jeweils für eine Seite bestimmten Texte, Bilder, Grafiken und gegebenenfalls Anzeigen festgelegt.

Zum Autor

Thomas Johne war zunächst von 1984 bis 1995 bei der Frankfurter Allgemeine Zeitung GmbH in verschiedenen Funktionen im Bereich Neue Medien tätig, danach als Marketing- und PR-Berater. Seit 1997 ist er geschäftsführender Gesellschafter der KOM, MA Mediengesellschaft in Frankfurt sowie Inhaber der Firma WinPower Die MarketingBeratung in Darmstadt.

Tätigkeitsfelder:

Der Schwerpunkt seiner Tätigkeit liegt in der Marketing- und Kommunikationsberatung von Unternehmensgründern sowie kleinen und mittleren Unternehmen. Er ist Mitglied im Beraterpool des RKW - Rationalisierungs- und Innovationszentrum der Deutschen Wirtschaft - und der Gründerinitiative BEST EXCELLENCE Rhein-Main des F.A.Z.-Institutes.

Veröffentlichungen:

Neben zahlreichen Artikeln hat Thomas Johne die Fachbücher „Der Videofilm im Unternehmen" (F.A.Z.-Verlagsbereich Buch), „Das Firmenjubiläum als Kommunikationsinstrument" (F.A.Z.-Institut) sowie „Öffentlichkeitsarbeit auch für kleine und mittlere Unternehmen" (RKW-Verlag) veröffentlicht.

Er ist Herausgeber des Fachbuches „MarketingPraxis" (F.A.Z.-Institut), das sich an Unternehmensgründer und angehende Marketing-Profis wendet.

Thomas Johne

Öffentlichkeitsarbeit auch für kleine und mittlere Unternehmen

2002. 74 Seiten
RKW-Bestell-Nr. 1449
ISBN 3-899644-196-5

Ein positives Image nach außen und eine reibungs-lose Kommunikation mit den Mitarbeitern stellen sich zunehmend als Erfolgsfak-toren für Unternehmen heraus. Bisher sind es jedoch vor allem große Konzerne, die Öffentlich-keitsarbeit (Public Relations) einsetzen, um ihre Kommunikationsziele zu erreichen. Adressaten dieses Buches sind alle, die sich in mittelständischen Unternehmen mit dem Thema der Öffentlichkeits-arbeit befassen: Unternehmer, Geschäfts-führer sowie PR-Mitarbeiter. Der Ratgeber gibt einen Überblick über die ver-schiedenen Aspekte der Medien- und Öffentlichkeiits-arbeit von der Planung über die Kommunikation mit wichtigen Zielgruppen bis hin zum Umgang mit den Medien. Praxisbeispiele, Tipps und Checklisten zu den jeweiligen Themen sowie nützliche Adressen machen das Buch zu einem praxisorientierten Leitfaden für die Gestaltung effektiver Öffentlichkeitsarbeit.

Fritz-Jürgen Kador, Hans Pornschlegel
unter Mitarbeit von Hans-Joachim Kempe und Tobias Kador

**Personalplanung –
Grundlage eines systematischen Personalmanagements**
Eine Handlungsanleitung für die Betriebspraxis

2004. 250 Seiten
RKW-Nr. 1470 / ISBN 3-89644-217-1

Der Betrieb hat in den vergangenen Jahren als Ort der Gestaltung von Arbeit und Technik sowie der Beziehungen zwischen Arbeitgebern und Arbeitnehmern stark an Bedeutung und an Eigenständigkeit gewonnen. Zahlreiche Firmentarifverträge, betriebliche „Bündnisse für Arbeit" sowie verbindliche Absprachen zwischen Arbeitgeber und Belegschaft in nicht tarifgebundenen Betrieben machen dies deutlich. Mit der vorgelegten Handlungsanleitung für die Betriebspraxis bieten die Autoren – vor allem, aber nicht nur – kleinen und mittleren Betrieben Analysen der komplexen Wirklichkeit mit konkreten Gestaltungsvorschlägen im Rahmen der geltenden Rechtsvorschriften an.

Schon 1977 haben die Autoren Kador, Pornschlegel und Kempe eine „Handlungsanleitung zur betrieblichen Personalplanung" vorgelegt, die als Vorläufer der jetzigen Veröffentlichung zu betrachten ist. Sie war das Ergebnis eines vom Bundesministerium für Arbeit und Sozialordnung geförderten Projekts. Mit ihm sollte kleinen und mittleren Betrieben Hilfe bei der Umsetzung der damals noch neuen Vorschriften des Betriebsverfassungsgesetzes (§§ 90 und 91 BetrVG) geboten werden. Die drei Auflagen dieser Schrift sind seit langem vergriffen. Seither ist eine Fülle von Publikationen zur Betrieb-lichen Personalplanung erschienen, unter denen die ebenfalls drei Auflagen des RKW-Handbuches Personalplanung eine besonders weite Verbreitung erfahren haben. Wenig thematisiert worden ist in der Literatur bisher der Einfluß der Flexibilsierung und der dynamischen Strukturveränderungen in der Arbeitswelt auf die Personalplanung als einer der wichtigsten Grundlagen des Personalmanagements.

Die jetzt vorgelegte Veröffentlichung, zu deren Autorenteam Tobias Kador als Arbeits- und Sozialrechtler neu hinzugestoßen ist, geht auf diese dynamischen Veränderungen detailliert ein. Sie zeigt die Handlungsmöglichkeiten in Betrieben mit und ohne Tarifbindung sowie mit und ohne Betriebsräte(n) auf. Das breite Spektrum arbeits- und sozialrechtlicher Vorschriften wird aktuell dargeboten. Auch öffentliche und gemeinnützige Betriebe können hier Anregungen finden. Insgesamt bietet sich dem Leser ein aktueller Überblick mit konkreten Handlungsperspektiven für ein zeitgerechtes Personalmanagement.

Projektmanagement-Fachmann

8. Auflage 2004
1340 Seiten, 650 Abbildungen, 2 Bände im Schuber
RKW-Nr. 1120, ISBN 3-926984-57-0

„Das dicke Schnäppchen! Ein 1300 Seiten starkes Werk enthält alles, was Projektmanager wissen müssen. Das Wichtigste über dieses Buch in drei Sätzen. Erstens: 41 Experten, die führenden Köpfe der deutschen Projektmanagement-Szene, geben hier ihr Wissen weiter. Zweitens: Das Buch hilft, selbst anspruchsvolle Großprojekte in den Griff zu bekommen. Drittens: Es handelt sich um die beste deutschsprachige Lektüre zum Thema Projektmanagement. Angesichts dieser Qualitäten ist das zweibändige Werk geradezu ein Schnäppchen ... Wer in einem Unternehmen Projektmanagement-Expertise auf- und ausbauen will, kommt an dieser reichhaltigen Quelle nicht vorbei. Hochwertig ist die didaktische Qualität der insgesamt 39 Kapitel. So findet sich beispielsweise auf fast jeder zweiten Textseite eine erläuternde Grafik.

Die nutzerfreundliche optische Aufbereitung zeigt sich bereits zu Beginn der Lektüre: Eine grafische „Themenlandkarte" ergänzt das Inhaltsverzeichnis. Anhand dieser Landkarte erkennt der Leser auf Anhieb die Matrixstruktur, in die sich das 1300 Seiten dicke Werk untergliedert.

Neben vier grundlegenden Kompetenzfeldern (Grundlagen-, Sozial-, Methoden- und Organisationskompetenz) unterscheidet das Handbuch drei konkrete Bereiche des Projektmanagements (Unternehmens- und Projektorganisation; Projektstruktur; Projektmethoden und -techniken).

Ein umfangreicher Stichwortindex erleichtert die gezielte Suche nach Antworten auf konkrete Fragen. Diese Suchfunktion bewährt sich selbst bei ausgefallenen Problemen, zum Beispiel bei Fragen zum Umgang mit Gruppenmitgliedern, die sich gegenseitig blockieren.

Fazit: besser, umfassender und profunder kann man Projektmanagement-Wissen in Buchform nicht darstellen." Manager magazin 10/2000

**RKW-Verlag, Postfach 5867, 65733 Eschborn
Fax 06196/495-4401, Tel. 06196/495-3422 und -3423, www.rkw.de**

Printed by Libri Plureos GmbH
in Hamburg, Germany